本书受国家社会科学基金项目“抵押、非抵押方式下银行小微企业信贷风险控制”（项目编号：15BJL030）和中央高校基本科研业务专著培育专项资金资助

抵押、保证等方式下银行小微企业信贷风险控制比较研究

王淅勤◎著

中国财经出版传媒集团
经济科学出版社
Economic Science Press

图书在版编目（CIP）数据

抵押、保证等方式下银行小微企业信贷风险控制比较研究/王淅勤著. —北京：经济科学出版社，2021.5

ISBN 978 -7 -5218 -2538 -1

Ⅰ.①抵… Ⅱ.①王… Ⅲ.①中小企业 - 信贷管理 - 风险管理 - 研究 - 中国 Ⅳ.①F832.42

中国版本图书馆 CIP 数据核字（2021）第 086952 号

责任编辑：张 燕
责任校对：杨 海
责任印制：王世伟

抵押、保证等方式下银行小微企业信贷风险控制比较研究
王淅勤 著
经济科学出版社出版、发行 新华书店经销
社址：北京市海淀区阜成路甲 28 号 邮编：100142
总编部电话：010 - 88191217 发行部电话：010 - 88191522
网址：www.esp.com.cn
电子邮箱：esp@esp.com.cn
天猫网店：经济科学出版社旗舰店
网址：http://jjkxcbs.tmall.com
固安华明印业有限公司印装
710×1000 16 开 13.5 印张 210000 字
2021 年 7 月第 1 版 2021 年 7 月第 1 次印刷
ISBN 978 -7 -5218 -2538 -1 定价：69.00 元

前　言

信贷风险控制始终是银行小微企业信贷业务拓展的主要障碍，也是其试图突破的方向。近年来的社会实践表明，在资本市场和信贷利率全面放开的政策环境下，小微企业客户是商业银行新的经济增长点，非抵押信贷也是各家商业银行争夺小微企业客户的手段。由于抵押要求将多数小微企业排除在金融体系之外，在此背景下，银行一方面试图通过免抵押贷款拓展小微企业客户市场，另一方面抵押贷款仍然是银行信贷方式的首选，这种看似自相矛盾的社会现象实质在于风险控制。为小微企业提供非抵押信贷方式是银行“叶公好龙”之举吗？两种信贷方式下风险要素差异何在？控制方式、要求与效果有何差异？如何在免抵押下改进风险控制效果实现金融创新和银企双赢？基于长期存在的小微企业由于信贷风险较高而引致的“融资难”，并由此而产生的对抵押物的依赖，本书从供方——商业银行视角研究不同信贷方式下的风险控制问题，可谓抓住了问题的“牛鼻子”。围绕着信息结构、风险要素结构两个核心，对抵押与质押（以下合称抵质押）、保证方式下信贷风险控制进行比较研究，旨在从商业可持续的视角寻求小微企业“融资难”的破解之道。

本书的主要内容包括：(1) 关于小微企业贷款方式的事实性统计。此部分内容目的在于，验证在信息技术与金融创新不断发展的大背景下小微企业信贷方式是否发生了根本性改变。样本选择分别取自东部、中部、西部经济水平差异较大的省份，比较其信贷结构差异。(2) 小微企业信息不对称的深度解析。基于对各类风险管理文件的文本解析，明确小微企业信贷风险控制的信息供求、信息特征，信息的重要性、可验证性与获取难度、获取渠道的信贷员评价，各项评分的交叉比较解释信息不对称的根源所在。(3) 隐性风险的理论构建与实证检验。传统的中小企业信息不对称主要是软硬信息之分，本书依据其可言传、可验证性将不同层次信息分为隐性信息与显性信息，依据信息获取半径将信息分为个人或家庭、企业、担保圈、环境层。(4) 运用风险问题分类对信贷风险控制策略进行理论解析。以风险哲学为起点对风险问题溯源，将一般化的风险管理理论应用于信贷风险控制。借鉴国际风险治理委员会将风险问题分为简单问题、复杂问题、不确定性问题与模糊问题的分类方法归类信贷风险，进一步从理论上分析了风险主体层次与策略工具选择，风险问题阶段与防御、主动与接收策略的运用，风险容忍度与反应时序，将复杂多变的风险问题控制进行了逻辑梳理。(5) 抵质押、保证方式下的风险要素结构特征、对风险控制的影响以及实际的化解之策。对于抵押贷款采用的是要素分析法，风险控制围绕着包括产权风险、市场风险、物理风险、变现风险展开，不同抵质押物风险结构存在差异，追偿环节结合具体情况围绕盘活资产或产权展开。对于保证贷款采用的是关系、路线分析法，运用了社会网络分析和传染病模型的基本思路分析问题，对风险的“源”与“流”进行了梳理，深度解释风险的发生与传递，运用 SIR 的传染病模型理论解析了风险应对的阻断、弱化、吸收等策略。(6) 对风险控制中的动态观与权变思维进行了理论归纳。结合研究中发现的风险管控引发的内生性风险，对风险要素可能存在的互为消长关系进行了归纳，提出了风险管理中应有的权变思维，包括风险控制目标与控制成本的权衡、契约或制度刚性与弹性的权衡、长远利益与近期利益的权衡、群体福利与个体利益的权衡、风险预警与舆情风险的权衡。(7) 比较了互联网金融与传统信贷模式在信息获取、风险控制中各自的优势，主张银行结合自身的信息技术资源以及可能的合作借鉴引入不同模式的互联网金融。

本书的主要学术观点如下：(1) 相对于非抵押贷款，抵押贷款仍然是小微企业信贷使用最为普遍的、风险较低的信贷方式。抵押贷款作为一种强担保是银行业的共识，押品仍然集中于房地产，存货、应收账款、无形资产质押以及信用贷款所占比例仍然较少。保证贷款中的担保主体企业法人和专业担保公司占比较高，自然人担保所占比例较低，适用于额度较小的贷款。大部分小微企业的贷款是抵押与保证共存，增加了信贷风险控制的复杂性。保证贷款风险高于抵押贷款风险；个人或家庭、担保圈关系等嵌入社会关系的隐性信息越复杂，其风险性越大；复杂的担保关系也会加大风险。银企交往时间、交易次数、交往频度弱化了信息不对称。(2) 经济发展水平与市场体系的完善程度对于小微企业信贷方式、风险防控的影响深入而广泛。市场发达程度不仅决定了现有的房地产为主的抵押物的可变现性，也可以从抵质押物的选择范围反映出来，市场体系越完善，各种财产或权利的交易越活跃，越能够满足可变现的特性，信贷方式越多样。从宏观视角来看，信贷风险对于房地产行业的依赖度越低，越有利于风险的分散。在经济发达省份，保证人身份更加多元化，法人担保更加普遍，具有更强的市场依赖性；而在欠发达地区更依赖政府背景的担保机构。前一种情景下，更容易出现信贷风险的传染效应，应更多关注风险的聚集特征；后一种情景下，虽然不太容易引发担保圈风险，但是担保业务过度集中于政府支持下有限的几家专业担保公司，在经济下行的背景下风险无法分散，导致区域整体风险承担能力弱化。市场发达程度也决定了市场多元化主体的存在性和风险化解手段的多样性，尤其是市场化风险化解手段的应用空间。(3) 信息不对称通过多种属性特征体现。小微企业信贷风险最为重要的是业主个人或者家庭相关因素以及民间借贷，传统的个人访谈和企业调查仍然是最为重要的信息来源；实时变动的信息对于信贷决策最为重要但获取难度大；企业单一行为信息、未加工信息可验证性好于反映企业财务的综合信息；信息宿主组织化程度越高，信息可验证性越好；实质性违约信息决策相关性优于非实质性违约信息；依据信贷方式，抵押信息可验证性优于保证信息；依据关系远近，获取信息的半径越大，信息质量越差。(4) 抵押、保证的理论功能在现实中存在多种演化。押品风险补偿功能最为重要，但在市场欠发达地区押品难以变现，此时银行对押品的选择所看重的是押品对借款人的重要性，风险补偿功能退化。有些银行抵押的实际损失高于保证贷款，足值抵押容易诱发信贷员的贷后监管松懈，忽视对押品以及借款人债务状况的实时跟踪而诱发信贷员操作风险。保证贷款由于主体依存性较强，产融关系、社会关系的相互嵌入，导致风险更具多源性，比抵押贷款更具易变性和不可预知性，封闭式信贷契约、追加责任人等一定条件下的风险防范在另一种情形下可能成为风险诱因。(5) 对于大部分出险企业，经营风险是首要的原生风险，道德风险是衍生风险。虽然最大关注点在道德风险，但是小微企业信贷风险的第一诱因是经营失败，两种风险在实际中更多体现为原生与衍生关系。道德风险的发生是风险积累到一定阶段的结果，引发信贷风险的首要因素是企业经营风险，而经济下行及行业环境变化等不可控的外生因素是最为普遍的影响。因此，银行应在对借款企业商业模式和现金流规律充分认知的基础上，完善信贷契约设计，注重动态实施的信贷信息的采集。道德风险危害性大，因此最受关注。大部分的社会融资只在风险跟踪的后期才暴露出来，银行应多方归集其风险信号，形成更加完备的客户信息库，适度引入互联网金融的大数据手段。（6）在抵押贷款下，风险控制围绕着包括产权风险、市场风险、物理风险、变现风险等风险要素展开，不同抵押物风险结构存在差异，应结合具体情况围绕盘活资产或产权展开。在保证贷款关系—路径的框架下，弄清风险“源”“流”和阶段性特征，准确把脉风险动态与对策，深度解析风险的发生与传递，运用 SIR 的传染病模型理论解析了风险应对的阻断、弱化、吸收等策略。（7）明确可用资源与约束条件，一方面，充分调动市场主体，丰富化解风险手段；另一方面，认清约束条件，明确风险管控优化的方向。风险化解方案中通常会涉及的主体包括投资人、律师、资产评估师、注册会计师、资产管理公司等专业服务机构等市场主体和相关政府部门。依据各主体特征，综合采用引导机制、信号传递机制、激励机制、合作机制、约束机制等实现主体之间相互协作，节约交易成本，提高方案的可行性。在需求侧，同样可以采用激励约束机制促进小微企业自身的信息化建设，培养合格的融资主体。由于地域之间经济、市场条件及制度环境的差异，需要银行在内外约束条件下明确风险管控的适用性与优化方向。

本书的理论贡献在于，关于风险问题分析采用的客体风险、主体风险、主体间性等哲学思辨，有利于对风险问题的本质进行理论梳理。本书的应用价值在于，对于抵质押、保证贷款分别提出要素分析法和关系、路线分析法，有助于实践工作者理清管理思路；风险要素的消长关系分析与权变思维可对风险管理者起到警示作用；在风险控制的优化上，主张积极开发可用资源与明确自身约束条件分析相结合，有利于明确未来优化方向。此外，本书的研究方法也有较大的潜在价值——在保证风险控制中采用的“社会网络分析+传染病模型”较为新颖。社会关系对于小微企业风险控制具有特别意义，社会网络数据也已经在某些企业信息平台使用，“社会网络分析+传染病模型”有助于区域性监管者在大数据背景下结合具体的风险聚集特征开发出更多的模型，将小微企业信贷风险防控向深度和广度拓展。

王淅勤

2021年5月

目　　录

第一章 绪　论

一、研究背景与意义

（一）研究背景

1. 小微企业发展状况是国民经济活力的集中体现，政府推动的普惠金融的主要受益者是小微企业。

截至 2017 年末，我国已有小微企业法人 2800 万户、个体工商户 6200 万户，占比达到我国企业数量的 99%，整体贡献了全国 80% 以上的就业机会、60% 以上的国内生产总值和 50% 以上的税收①。因此，小微企业在现阶段以至未来的时间内都是我国经济领域的重要组成部分，在创造就业机会、促进经济发展、维护社会稳定等方面有着巨大影响力。自 2011 年经济学家郎咸平提出小微企业概念以来，国家相继出台一系列政策支持小微企业的发展。2018 年 1 月 1 日起，我国开始施行新修订的《中华人民共和国中小企业促进法》，各种专项支持资金、各种力度的为企业减轻负担的税收优惠、各种为创业提供便利条件的基地、各种人才培养补贴和设立投资基金等措施，为保护小微企业合法权益、提升小微企业发展质量、保障小微企业健康成长创造了良好环境。随着“互联网 +”时代的到来和“双创”口号的响起，国家不断出台相应融资政策推动银行拓展小微企业信贷业务，旨在扶持小微企业发

---

① 沈明. 解决小微企业融资难建立贷款可持续发展是关键［N］. 证券日报，2018 - 7 - 20.

展，力求能够缓解小微企业一直以来的融资难问题。

2. 信贷风险持续上升且集中于民营、中小微企业，迫使商业银行深入研制其信贷风控的策略与技术。

虽然政府一直在不断探索适应小微企业发展的融资方式，经过多年的努力，小微企业的贷款余额不断增加，在一定程度上改善了小微企业的融资环境，但随着金融环境的日益复杂，小微企业的融资现状仍然令人担忧。究其原因，还是小微企业先天不足，因此在融资过程中出现了很多非常规的信贷风险。风险控制是当下影响融资业务的主要难点，一方面小微企业自身的特点决定了其融资竞争力弱和独有的风险特点，另一方面是银行要响应国家政策、服务小微企业贷款而面临的风险难以控制，二者之间的矛盾导致小微企业信贷问题没有得到很好的改善。近年来，中国银监会（现为中国银保监会）在控制银行面临的信贷风险方面越来越重视，发布相关文件的频率也越来越高。但我国商业银行的不良贷款余额与不良贷款率近年来都呈现逐渐上升的趋势，其中小微企业贷款不良率高是主要因素。为了解决小微企业和银行双方的融资矛盾，达到共赢目标，银行对小微企业的信贷风险控制是一个必须突破的方向。

3. 信息与互联网技术的发展带来的金融创新使银行小微企业信贷业务“危”“机”并存。近年来，随着“互联网+”的发展，许多民营金融机构开发的免抵押融资业务对银行业带来巨大冲击。小微企业具有集“企业”与“业主个人”于一身的特点，并由此衍生出更加复杂的关系，扩大了风险控制半径，同时由于其信息的碎片化、不规范化等，为风险控制带来困难，但是，大数据时代的来临为集成这些信息带来了便利，如何进行信息的集成并将之运用于决策是当下和未来需要突破的方向。有些学者在研究中进行了以下转化：“硬信息=财务信息”“软信息=定性信息、非财务信息”，已经偏离了软信息的最初含义，带来了解释的偏差。斯坦（Stein，2002）的定义中强调了信息在生产者之外难以获取；皮特森（Petersen，2004）又进一步明确为信息难以验证或者传递，由此而带来“垄断信息优势”，而后期的研究者将其界定为定性信息、非财务信息，显然是简单化处理，有不少定性信息、非财务信息不仅可以传递，而且可以共享，因此，不能再用“垄断信息优势”做出解释。需要关注的是，随着信息化时代的到来，在信息日益丰富、软信息的半径越来越小的趋势下，硬化了的软信息是否可以大大提高银行的资源配置能力和风险管理水平。

（二）研究意义

1. 有助于小微企业突破金融资源约束，提升发展质量。第一，与常规大中企业不同，小微企业具有许多天然的信息局限性，小微企业规模小、自有资金不足，对运营资金的需求量大、频率高，而自身没有雄厚的资本支持和信用评级认证，难以在短期内获得银行提供的资金支持（魏芳，2019）。第二，小微企业普遍缺乏科学的经营方法和管理制度，信息透明度差，内部控制不规范不仅制约其自身发展，也使银行无法正确判断企业的经营状况和财务风险。第三，由于小微企业数量众多，监管成本高，在不受严格监管的背景下，小微企业主和从业人员中存在“空手套白狼”思想和诚信意识不足、道德问题突出的现象，还款意愿淡薄，因此，小微企业信贷风险始终是银行商业贷款防控的难点。在此背景下，银行的“抽贷”“惜贷”“断贷”行为是作为理性人的银行防范风险扩大的合理反应，导致小微企业的融资问题雪上加霜，如此循环往复的结果是成片的小微企业倒闭停业，使本地区经济失去活力。本书研究最初的出发点是如何解决小微企业融资难，其根本是资金的供给问题，因此只有从供方视角才能真正找到问题的症结所在。

2. 配合政策导向，寻求商业可持续的小微企业信贷支持的新途径。由于小微企业的先天不足，大部分商业银行对于小微企业禁止发放信用贷款，对贷款的保证是其获得贷款的必要前提。一方面要扶持小微企业的发展，另一方面又要避开小微企业的风险陷阱、兼顾效率，将金融资源精准投放到符合政策发展导向、具有发展潜力的方向。扶持小微企业发展的同时，要减少企业对扶持政策的过度依赖，避开并惩处套用资金的不法行为，形成良性的信用生态环境，确保信贷支持的商业可持续性（李腾飞，2019）。要确保商业的可持续性，对风险性质的精准判断是基础。在对出险企业风险性质深刻认知的基础上，将“激励—约束”用得恰到好处，要想在严肃金融秩序的同时维护好优质企业的生命力，需要在风险管控中充分运用职业判断能力，采取灵活化、差异化应对，破立之间拿捏得恰到好处。

3. 弱化对抵押贷款的依赖，是小微企业信贷转型发展值得探索的出路。

信贷风险控制始终是银行小微企业信贷业务扩展的主要障碍，也是其试图突破的方向。在资本市场和信贷利率全面放开的政策环境下，小微企业客户是商业银行新的经济增长点，非抵押贷款也是各家商业银行争夺小微企业客户的手段。由于抵押要求将多数小微企业排除在金融体系之外，在此背景下，银行一方面试图通过免抵押贷款拓展小微企业客户市场，另一方面抵押贷款仍然是银行贷款方式的首选，这种看似自相矛盾的社会现象实质在于风险控制。比较研究抵押与非抵押两种贷款方式下风险要素差异、信息结构差异、控制方式与效果差异，以期在免抵押方式下改进风险控制效果实现金融创新和银企双赢，对小微企业贷款方式的学术梳理是业务拓展的前提。

二、相关概念界定

（一）小微企业的界定

根据工业和信息化部、国家统计局、国家发改委、财政部四部门联合发布的《中小企业划型标准规定》，对各行业的中型、小型、微型三类企业均有明确的划分标准，具体按照营业收入、资产总额、从业人数三大标准进行划分。其中，小型和微型企业界定标准见表1-1。总体来看，我国小微企业普遍拥有以下三个显著特点：（1）整体数量庞大，以私营企业为主；（2）管理不健全，财务风险大；（3）在地区和行业之间发展不平衡。

表1-1　小微企业的界定标准

行业类型	年营业收入（万元）	资产总额（万元）	从业人数（人）
农、林、牧、渔业	<500		
工业	<2000		<300
建筑业	<6000	<5000	

续表

行业类型	年营业收入（万元）	资产总额（万元）	从业人数（人）
批发业	<5000		<20
零售业	<500		<50
交通运输业	<3000		<300
仓储业	<1000		<100
邮政业	<2000		<300
住宿业	<2000		<100
餐饮业	<2000		<100
信息传输业	<1000		<100
软件和信息技术服务业	<1000		<100
房地产开发经营	<1000	<5000	
物业管理	<1000		<300
租赁、商务服务业		<8000	<100
其他未列明行业			<100

资料来源：工信部等四部门，《中小企业划型标准规定》。

（二）风险与信贷风险

“风险”是司空见惯的词语，在不同语境中却被赋予了不同内涵，风险研究随着人类实践活动所面临的风险不同而不断演进。早期的风险研究学者侧重于风险的技术层面（Ortwin Renn，1998），随着风险研究的全方位展开，技术风险论、核武风险论、人口风险论、环境风险论、竞争风险论、现代化风险论、社会风险论等逐渐形成（黄金华，2008）。风险理论创始人贝克将风险界定为系统地处理现代化自身引致的危险和不安全感的方式。

吉恩斯（Jens，2008）认为，风险这个概念与可能性和不确定性概念是分不开的。国际风险治理委员会（International Risk Governance Council，IRGC）采纳的是凯特斯等（Kates et al.，1983）给出的风险（risk）的定义——风险即与人类所重视的事物有关的事件或活动的不确定后果，这种后果可以是积极的，也可以是消极的，取决于人们与之相关的价值观。并明确区分了风险与危险，危险（hazard）则是潜在伤害的来源或有可能造成损失的情况。

可见，“不确定性”是风险的首要特性，本身不包含对事项结果的价值判断。

信贷风险源于资金出借活动中的债权债务关系，由于交易的跨时特征而带来的结果不确定性，由出借方——银行承担的债务人因无力清偿债务出现的风险。虽然概念界定比较清晰，但是影响因素却是复杂多样的，意味着风险的来源具有多样性。《新巴塞尔协议》将信贷风险归类为信用风险、市场风险和操作风险三种。信用风险指交易方违约导致损失的风险；市场风险指由于市场波动、经济因素可能导致的损失；新协议增加的一类操作风险是指由于内部程序不完善或外部事件造成损失的风险。其中，信用风险是银行风险控制的核心。信贷风险属于信用风险中的一种，特指资金出借业务中的违约行为。雷舍尔（Rescher，1983）将风险与负面结果联系起来，认为风险承担包括三个要素：行为选择、负面结果、实现机会，其中实现机会就是不确定性。对于信贷风险而言，行为选择暗含着行为主体的可能性空间以及不同行为选择的触发机制，风险控制的主要焦点是借款人的行为关注，理论上讲，出借人的控制行为本身也构成风险要素，而且由于主体间性的存在，借贷双方交互过程的心理计算而衍生的风险也可以归结为行为选择风险；负面结果风险要素本身包含了行为立场的价值判断、因果推理等复杂的心理计算，这种价值判断左右着借贷双方的行为选择，并具有序时展开、相机而动的特征；实现机会风险要素意味着未来性、推断性、知识与信息的运用等，引导我们关注环境因素的变化，负面结果和行为选择随着实现机会的变化而变动。

三、研究内容与理论支撑

内容一：银行对小微企业贷款的方式偏好基本事实统计。

识别方法是取得跨机构的交易数据，统计分析：（1）抵质押与保证方式的频数—时间分布，运用跨地区、跨机构的小微企业贷款方式统计分析，结合访谈与信贷管理资料判断银行的贷款方式偏好。（2）结合行业的生产要素结构与客户的财务状况，判断贷款方式是银行主动选择还是被动选择的结果。（3）基于贷款方式的风控效果比较。抵质押、保证方式下的风险等级（正常、异常和紧急)、违约率、违约损失比较。通过经济发展差异较大的东部、中部样本揭示外生性影响，通过信贷员风险报告书文本解析初步判断风险因素。

内容二：小微企业信贷风险监控的政策导向与实施效果。

通过对银保监会《商业银行小微企业金融服务监管评价办法（试行)》的文本解读，析出小微企业信贷管理的政策目标、政策措施与监控内容。现行的小微企业金融政策强调服务宗旨，监控评价分为信贷资源投放、体制机制建设、整点监控政策的落实、产品与服务创新以及监管督导检查五个方面。在此基础上，基于对湖北省银行业协会的调研数据，观察政策的具体措施以及实际效果。

内容三：基于信息特征的信息不对称分析。

以信息不对称理论为基础性理论，深入解析小微企业信贷业务中信息不对称的根源，将风险控制相关信息分为债项信息、主体信息与关系信息，通过对银行抵押与保证方式下贷前、贷后信贷风险管理资料的文本提取，比较两种贷款方式下的风险控制信息结构差异。包括：（1）一般性的信息需求。两种贷款方式下所需的信息类别与内容。（2）差异化的信息需求。不同的贷款方式存在异质性风险，结合风险要素结构分析，研究不同风控目标下需要的信息类别、时机、信息来源的信息属性。（3）多维度比较两种方式下信息质量属性要求。调查信贷员对两种贷款方式下各类信息的可得性、重要性、可验证性、稳定性等多个维度的属性要求，深度揭示小微企业信贷信息不对称的原因。综合分析之后，从信息渠道、还款源、信息动态进一步分类比较。将问卷数据与风险事件的实际信息交叉验证，确定风险的关键控制点。

内容四：信贷风险控制的一般化策略与工具。

基于风险哲学理论，解析风险控制中风险问题、风险认知与风险态度的辩证关系，借助于风险控制的“问题—策略—工具”的分析路径，结合内容二所识别的风险控制关键点分析，对风险问题属性进行确认，并归纳其常用的策略、工具。将一般化风险控制问题转换为信贷风险控制的策略工具，通过信贷合同文本解读以及贷后管理资料进一步揭示其实际应用。进一步从监管者、机构、客户管理三个层次梳理其风险控制的思路，从风险逐步暴露的阶段特征归纳风险化解的决策树模型，从风险容忍度与风险反应的时机分析不当应对的可能后果。

内容五：抵质押、保证方式下风险控制策略与工具比较研究。

对抵质押方式下的风险要素特征进行理论梳理，分析不同抵质押品的风险结构特征，结合我国目前的抵质押物实际使用情况与趋势，归纳当前我国抵质押贷款方式下的风险积聚特点。通过不同风险性状的多案例比较，归纳总结不同风险应对适用的条件、可能的局限性以及突破的方向。

以金融生态观为理论基础，结合小微企业信贷风险特征，采用了社会网络的方法描述小微企业信贷风险的分布、传导以及源流关系，结合实际案例计算易感企业、感染企业与免疫及破产企业，借助于 SIR 传染病模型，从理论上解析担保圈可能的化解之策。进一步地，基于对案例和银监会监控资料的阅读，归纳出担保圈风险控制中值得关注的内生性风险。

内容六：隐性风险、贷款方式与不良贷款关系的综合实证。

在对不良贷款的界定及其监管含义分析、隐性风险概念确立的基础上，通过对风险提示书的文本信息结构化处理，建立构建实证分析模型，验证不同层次的隐性风险、银企关系、贷款方式、保证人身份等对不良贷款等级的综合影响，比较两类保证方式的最终实际损失。

内容七：研究结论与对策建议。

研究结论部分针对报告的全部章节所发现的问题，指明了当前小微企业信贷风险控制中的困境及误区，尤其是对于保证贷款方式下风险的互为消长关系进行了梳理，提出了权变思维的几个方面，并在对各个风险管理相关主体各自优势的比较基础上，结合案例分析结论，分别从业务管理、行业互助、政府主导、需求侧培养等方面提出改进建议。

四、数据与方法

（一）数据来源与使用

为了完成本项目，我们从立项前已经开始历时 4.5 年分别在湖北、河南、贵州、浙江四省，先后多次调研，依据数据质量筛选结果，报告中不同章节运用数据情况见表1－2。

表1－2　　数据来源与运用

编号	第三章事实统计特征	第四章制度导向与实施效果	第五章信贷信息分析	第六章风控策略工具	第七章抵押风控研究	第八章不良贷款发生、传递与阻断	第九章综合实证研究
①				√			
②	√						
③			√				
④	√					√	√
⑤	√						
⑥		√					
⑦				√	√	√	
⑧	√						

注：①借贷合同22份；

②××市中心支行信贷风险分析报告10余份；

③定向发放的信贷员关于信贷信息评价调查问卷62份（涉及5个省份，问卷发放采用熟人介绍定向发放）；

④浙江省某银行的风险提示报告书，其中涉及76家企业300余笔交易；

⑤湖北省某银行的小微企业贷款统计数据、300多笔交易数据；

⑥湖北省银行业协会20家支行147家分行调查问卷；

⑦湖北省农商行债务清收典型案例集；

⑧贵州省某县88户小微企业业主贷款明细、信贷风险管理相关文件。

（二）研究方法

1. 文本分析法。这是研究中运用较多的方法。通过搜集不同来源的文献与档案资料，在反复阅读基础上依据研究关注点提炼关键词，整理、比较、分类从而得到分析思路与理论框架。该方法主要运用于信贷信息的归类、属性特征、风险控制的“问题—策略—工具”、决策树模型绘制、权变思维与内生性问题这几个部分的研究。

2. 比较分析法。包括理论比较分析和案例比较分析，第七章抵押风险分析，针对不同的风险状况采用了多案例比较分析；第八章担保的理论分析框架，对不同担保模式下风险传播路径与集聚特点采用了理论比较。

3. 社会网络分析。由于小微企业信贷是经济问题与社会问题的交织，我们在对保证担保关系进行分析时采用了社会网络分析方法，将担保关系转换为可视化的图形。

4. 传染病模型。考虑到保证关系、产业关系、社会关系的相互交织，小微企业信贷风险具有传染扩散的特点，在进行担保圈风险控制策略时参阅了医学上常用的传染病模型，构建了简单的理论分析模型。

5. 定序逻辑回归。在对信息分类与分层基础上，结合贷款方式，针对不同等级的风险采用了定序逻辑回归。

五、可能的创新

1. 概念与理论创新。体现为：(1) 第六章将国际风险治理委员会对风险问题的分类方法运用于信贷风险策略与工具分析，并在理论上进行拓展。(2) 由于原来的软、硬信息分类在信息时代凸显其局限性，本书第九章提出了隐性信贷风险的概念，并从多个理论视角对其进行了描述，有利于金融机构进行针对性的识别，在当前大数据背景下有助于开发出对小微企业的新型信息管理体系。

2. 思路创新。体现为：(1) 第五章为了深入揭示信息不对称，在对信贷管理资料文本分析的基础上构建信息特征，并通过信贷员访谈验证信息不对称所在。(2) 对比分析抵质押、保证贷款方式下的风险要素结构差异。对于抵质押贷款区分抵质押物的特征，揭示其风控重点；对于保证贷款，采用“2（资、信）+2（供、需）+2（产、融）”的分析思路，研究保证贷款中的互动演化、消长关系以及风险管控中的权变思维。

3. 方法创新。在风险管控中树立全局观是问题的关键。在理清企业权责关系和系统了解各种可用资源及其特征基础上，从整个金融生态圈视角联系、动态地设计化解方案。基于此，将社会网络分析与传染病模型综合运用于小微企业信贷担保圈风控管理，是本书的独到之处。

第二章　文献综述与分析框架

一、文献综述

风险控制包括贷前风险识别、贷后风险跟踪及出险以后的风险化解，控制策略与方法依据贷款方式而异，因此，本书从信用风险识别、借贷技术和风险应对三个方面进行了文献梳理。

（一）信用风险识别相关的研究

1. 混合性评价指标体系。阿尔特曼（Altman，2009）对英国的中小企业进行研究，发现在风险评价过程中结合非财务因素可以提高评估结果的准确度。阿加瓦尔和豪斯沃尔德（Agarwal and Hauswald，2010）的研究也指出，为了提高对中小企业贷款违约行为预测的准确度，应当引入更多的非财务指标。阿卜杜勒萨梅德和瓦哈布（Abdesamed and Wahab，2014）使用利比亚的364家中小企业的调查数据进行logistic回归分析，发现企业年龄、规模与获得银行贷款显著相关，企业管理者的经验和教育背景在实践中对公司获得银行贷款影响比较小。国内马九杰、郭宇辉和朱勇（2004）运用逻辑回归模型对影响我国县域中小企业贷款违约的影响因素进行了实证研究，发现企业家个人特征影响企业信用风险，其中年龄、受教育程度和是否持股有较大影响。纪晓君（2010）介绍了融资过程中软信息的产生与传递过程，并具体分析了银行内部与银行组织结构对软信息的运用质量产生影响的方式。

潘家芹（2011）研究了现有的国外模式和针对大型企业的评价体系后认为中小企业并不适用，提出从影响中小企业外部环境和内部因素两方面评价，由此加入行业状况、企业人员素质等非财务性指标。范黎波、贾军、贾立（2014）认为，针对中小企业特征，根据其财务数据很难准确判断风险，因此引入17个包括行业状况、企业素质、借贷双方合作关系等方面的指标，构建针对中小企业信用风险评估的模型，对解决中小企业信息模糊的问题提供了参考。总而言之，小微企业的生产经营活动是物质再生产与社会关系再生产的混合，是财务信息在内的硬信息与非财务信息在内的软信息的混杂。

2. 动态观、过程观、系统观的评价。任永平和梅强（2001）从信用担保基金的研究视角出发，从信用决策、信用跟踪控制和信用追偿三个方面构建了包含信用评价全过程的信用评价指标体系，引入未来发展指标。周森和张志华（2011）指出，中小企业现有信用评价指标缺少全方位的定性指标，因此构建了一个新的包括财务指标、企业家才能、企业未来发展三个方面的综合评价体系，包括了企业家素质、员工能力和企业环境等。过新伟和王曦（2015）研究表明，对于中小企业而言，软指标对于贷款违约的影响远比硬指标（财务指标）更重要。吴启波（2012）发明的《基于交易记录的信用贷款风险控制的系统及方法》是通过第三方平台对企业的采购与销售数据进行采集和统计分析，帮助银行掌握真实的经营数据，通过现代信息技术对网络实际交易数据的获取可以大大节约风险控制成本，也可以累计企业的市场经济信用信息。该评价工具可以实现实时动态评价，还可以累积企业市场经济中的信用信息。唐丹（2015）也强调，商业银行对于信贷业务的风险管理应贯穿于整个信贷业务过程，具体体现在从贷款政策的制定、客户的选择，直至贷款的收回及对问题贷款的识别和处理等多个业务环节。

在东南亚金融危机之后，人们更加注重对金融风险的系统化思考。金融法生态理论是我国学者周小川（2004）提出的，旨在用生态学的理论研究金融系统，其要点在于关注存在分工与合作的金融组织与生存环境之间存在的长期的互动共生关系，金融系统是一个具有一定功能的动态平衡系统。用类比的方法研究金融系统的时候，同样需要明确系统的构成要素、金融系统中的“生物群落”及其环境。曾建中和刘桂东（2007）认为，金融系统的生物群落即金融交易主体，包括金融产品和服务的需求者、供给者、相关中介等，其物质与能量流动即货币与信用流动，政府是交易规则的制定者，决定了交易主体的生存状态。生态环境则是指经济、政治、法律、信息等。孙志红和吕婷婷（2019）研究了金融生态环境、信贷资源配置对我国僵尸企业的影响。

金融生态的提出意味着需要用系统观和动态观来进行风险管控，对金融的监管要求从整个系统良性、可持续发展的视角而不是单个个体的视角进行监管。在该系统中，各交易主体之间存在着相互的行为影响，而不是任何一方的单方面施加影响。各行为主体是在对彼此的行为选择所产生的后果做出预期的基础上采取理性对策。其中任何一方采取非预期行为都会打破现有的系统平衡，从而促进系统向一个更好或者更坏的方向发展。

3. 大数据背景下的开放式数据采集。大数据技术兴起之后，威尔第（Verdi，2014）指出，在大数据时代，技术辅助整合多种渠道，对市场信息进行汇总和比对分析，可以在风险爆发前及时处理。汉斯比特和库尔茨迈耶（Hanspeter and Kurzmeyer，2015）指出，利用大数据技术优势，建立信息共享平台，丰富数据库信息可以帮助银行获得准确的企业风险信息。何力军、袁满（2015）认为，互联网平台具有快速的“价值发现”和“市场发现”功能。蒋雪瑛等（2016）发明的《信用风险监控系统》构建了由结构化、非结构化数据构成的数据仓库，数据仓库囊括了交易主体、交易行为、行为分析、异常分析点等多个风险因子，并将非结构化数据转换为结构化数据，聚类之后由此建立针对不同业务类别的风险预警模型。季百新、缪锦春（2017）指出，在当前互联网金融的大背景下，应充分利用获取信息的优势，把小微企业软信息在信贷审批中对应的权重系数或重要程度作为获得信贷审批的关键，提出在运用软信息识别信贷风险方面的建议。黄霈丹（2018）采取大数据算法技术构建模型，评估企业信用风险，但该技术的评价指标目前仍以财务信息为主，并针对江苏省样本数据进行实证分析，在大数据时代有效提高了风险评估的准确性。丛剑（2018）分析了小微企业信贷风险控制的现状及问题，提出依托大数据时代技术，可以提升挖掘和整合风险信息能力，提高风险评估和测算准确性，优化缩短贷款流程，持续监测贷款人动态来预警风险，为更有效控制银行信贷风险提供了极大的便利。

4. 评价的模型方法。信贷风险评价模型化研究历经传统的5C评价法、阿尔特曼（Altman）基于财务指标信息定量评估信贷风险的Z计分模型，到后来的KMV公司的KMV模型（credit monitor model）、JP摩根（John Pierpoint Morgan）的信用计量模型（creditmetrics model）、瑞士银行死亡率模型（mortality rate model）等。这些模型都比较依赖于大公司规范的财务信息或市场信息。由于小微企业具有信息不规范、不完整、不易取得、难以验证等特点，这些主流模型并不适用。目前，适合于中小微企业比较常用的是传统的综合评价法，但该评价方法的不足之处也显而易见——各项指标权重的主观性强、滞后性、过于结构化而导致信息来源封闭等使得该评价方法偏离了风险评价与决策强调时效性、开放性宗旨。如何开发适用于小微企业的评价模型，国内外学者进行了很多新的探索，其中，适合于小微企业的定量评价方法有逻辑回归模型、贝叶斯判断法、决策树模型等风险预警模型。兰军（2019）提出了建立包含社会资本在内的企业综合资本评价体系，以便更加准确地测度小微企业信贷风险；周超（2020）提出，运用区块链技术，构建“借贷链、信用链、货币链”新模式以及智能合约为主的贷款新模式，以提高银行小微企业业务效率。

（二）小微企业借贷技术研究

对于事物认知的常用手段之一是分类，信贷风险识别是信贷风险控制的基础，对于小微企业客户而言，主要是信息不对称导致的信贷资源错配风险。伯格和尤德尔（Berger and Udell，2002）将借贷技术划分为财务报表基础（financial statement lending）、信用评分基础（small business credit scoring）、资产基础（asset-based lending）、关系型贷款（relationship lending）四种基本类型，在小微企业信贷中，关系型贷款和资产基础贷款最受关注。

1. 银企关系、软信息与贷款。

集中于以下问题：（1）银企关系、信息不对称与贷款条件要求。布特和萨克（Boot and Thakor，2000）的研究指出，随着借款人与银行关系的深入，银行要求的利率和提供的担保值会逐渐降低。伯格和尤德尔（Berger and Udell，1995）研究了关系型贷款在信息不对称程度严重的中小企业融资过程中的作用，认为银行可以通过关系对企业更加了解来缓解信息不对称。布特和萨克（2000）认为，如果银行能够借助于多种信息渠道，获取客户公开的和不公开的私人信息，获得垄断信息优势，则可以更好地解决信息不对称问题而识别风险，有效地降低不良贷款的发生概率。内田博文（Hirofumi Uchida，2011）等学者的实证研究支持了信贷员在工作过程中获得的客户软信息对于关系型信贷决策具有重要作用，这种作用在小银行尤其明显，大银行在这方面也有较大潜力，但是大银行更倾向于交易型贷款。国内曹志鹏、程佳佳（2013）结合实际情况深入分析了关系型贷款在我国中小企业融资中的优势和可行性，归纳了仍存在的问题并提出在我国发展关系型贷款的建议。钱龙（2015）基于中国某省 2009～2014 年 43 万笔中小企业信贷数据，研究银企关系、银行竞争对中小企业融资风险的交互影响，结果表明对不同类型企业的风险影响有异质性。（2）银企关系与信贷资源配置数量及价格。卡亚马拉（Ciamarra，2012）发现，银行和企业建立非正式关系后有助于企业获得更多贷款。卡罗里（Karolyi，2018）研究了个人关系对贷款合同的影响，发现个人贷款关系比机构贷款关系在对贷款利差和贷款数量上的改变起着更重要的作用，说明个人关系信息在企业信贷过程中也会影响到银行识别出的风险大小，从而对银行作出的贷款决策至关重要。刘圻（2016）发现，银企关系的建立具有降低融资成本和获取更多信贷资源配置的双重功能。（3）小微企业信贷业务中软信息的决策价值。斯坦（Stein，2002）将银企关系对信贷的影响进一步解释为软信息，并将软信息定义为无法被信息生产者之外的其他人证实的信息。此后，国内外很多学者对中小企业借贷中的硬信息与软信息进行了更为丰富的研究。皮特森（Petersen，2004）进一步论证了软信息与硬信息的差异——可验证性。由于软信息具有不可言传、无法验证的特征，使得拥有软信息的银行具有了竞争优势。

存在三种主要观点：一是认为软信息更有决策价值。刘鹏（2015）指出，客户的软信息对银行来说至关重要，因此银行应保持对信贷业务中的软信息有高度理性认识。过新伟和王曦（2015）也进行了软、硬信息对于信贷风险控制功用的比较研究，结果支持两种信息均有作用，但是软信息对于风险预警的作用更加显著。二是认为软信息只是对硬信息的必要补充。徐志春、王宗军和薄纯林（2008）建立了中小企业信用风险预警模型，将股东个人品德、公司治理因素、政府监管因素等非财务因素作为解释变量引入模型，支持了模型预测能力的提高，因此主张银行在信贷风险管理中，不应忽视非财务因素而应当财务因素与非财务因素并重。林钟高、杨雨馨（2017）使用文本技术对A股上市公司的年报文本信息进行研究，关注了非财务信息对银行信贷决策的影响，发现年报披露的风险提示信息越多，公司可获得的银行借款越少，说明银行信贷决策越来越关注非财务性信息隐含的风险。苏静（2018）主张使用混合分析法以提升对“较多人的多面性”的认知，认为该方法更科学、合理、有效。其解释为加入软信息后，银行的信息劣势大幅降低、淡化了硬信息在风险度量中的绝对地位，并且软信息的作用更为持久。高佳羽（2018）认为，软信息表现为定性指标，区别于定量的财务信息等硬信息，软信息透明度低、难以核实、获取渠道有限并且收集成本高，但是可作为对硬信息的补充。三是认为软信息的决策价值相机而动。认为软信息并不一定比硬信息更有决策价值，内田博文（Hirofumi Uchida，2011）试图探究硬信息、软信息与抵押在信贷决策中的作用，通过对日本企业实证研究发现其作用机制相机而动，规模较小的银行更重视关系和抵押品/保证因素，竞争压力下的银行在更大程度上强调关系因素。

关于软信息的解释与银企关系的类似，伯格、弗雷姆和米勒（Berger，Frame and Miller，2005）以美国银行数据为研究样本，研究发现，如果银行利用企业业主软信息，就能够有效提高其整体承受的贷款风险水平。有些信息的获取需要外部相关部门的配合，有些需要行业的协助，也有不少从业者依据多年的实践经验提出了针对小微企业信贷“三表”“三费”等简易方法，可以大大节约监督成本。也有学者认为该种方法造假成本低、贷前调查成本高，不适合于大范围应用（吴启波，2012）。西蒙·科尔恩埃耶（Simon Corn'ee，2019）利用法国389笔信贷业务为样本证明了信息不对称程度越高，软信息对于违约预测越准确，软信息对银行而言更加符合成本效益原则。

2. 抵押、担保与信贷风险。

关于抵押的功能理论解释存在两种说法：一是抵押的信号传递功能，抵押品作为衡量借款人质量的一种信号手段，减轻了贷款人的逆向选择问题（Bester，1985；Chan and Kanatas，1985；Besanko and Thakor，1987a，1987b；Boot et al.，1991）。具有抵押能力的企业向银行传递了这样一种信号：一旦第一还款源出现问题，第二还款源即押品可以通过变现补偿银行可能的损失，如此信号传递提高了其贷款获批的概率。二是降低事后的道德风险。押品的产权转移作为一种可置信的威胁，减少事后风险转移行为，从而解决了道德风险问题（Boot et al.，1991）。进一步地，押品的产权问题、变现能力问题、物理状态问题等自然而然进入风险控制研究者的视野。

担保在融资过程中被广泛使用，西方学者对担保理论的关注始于20世纪70年代，巴罗（Barro，1976）首先结合贷款利率与规模建立模型，深入研究了担保的功能和地位，并提出借款人一旦违约不仅要将担保物产权转移给贷款人，还要发生交易成本，因此借款人为避免损失较大会倾向于履行贷款合约，担保能够保护贷款人的利益。陈玉石和卡纳塔斯（Chan Y. S. and Thakor A. V.，1987）的研究发现，担保越多，可以向贷款人传递借款人品质越高的信号，由此为银行筛选借款人提供了标准之一。大卫·巴伦和大卫·贝桑科（David P. Baron and David Besanko，1987）指出，担保在信息不对称的信贷市场中有重要作用，并证明担保可以降低信贷配给的可能性。可以看出，理论界普遍肯定了担保在应对中小企业信贷风险、缓解企业融资难问题上的作用。

我国对中小企业融资担保的研究发展迅速，彭磊（2003）从信息成本的角度揭示中小企业融资的困境，认为小企业特定的信息结构所对应的边际信誉成本比大企业低，引入专业化的担保机构可以解决此困境。史晋川

（2011）肯定了担保方式能够加强借款人之间相互监督、增加违约成本、促使借款人履行借款义务的功能，但同时也强调，不能因为担保就完全降低对风险的防范。邹信叡（2015）在借鉴国内外担保机构成功运营经验的基础上，提出针对不同担保类型采用不同担保模式的观点。提出了应对农户和小微企业等高风险弱质群体，采用“银担”合作风险分担、批量核保的新模式，同时提出此类客户群，应打破传统担保模式引入基金扶持机制。

3. 联保、互保与信贷风险。

康和扎尔德科希（Kang and Zardkoohi，2013）认为，由借款人道德风险引起的信息不对称是银行信贷资产质量下降的主要因素。由此提出银行针对借款人的个人特征甄别，认为具有资本控制权的客户道德风险低、款项用途真实可靠，可发放免抵押贷款。同时，集体贷款的特殊组合情况增加个体信贷资金的可得性，借款人自身的社会地位、借款人之间可能存在的产业关联，都能够促使其相互监督，从而将银行监督成本外化，彼此降低道德风险，同时提升银行信贷资产的质量。

4. 供应链金融与信贷风险。

供应链金融是银行根据特定产品供应链上的真实贸易背景和供应链主导企业的信用水平，以企业贸易行为所产生的确定的未来现金流为直接还款来源，配合银行的短期金融产品和封闭贷款操作所进行的单笔或额度授信方式的融资业务（胡跃飞、黄少卿，2009）。维克多利亚·萨德洛夫斯卡（Viktoriya Sadlovska，2006）认为，供应链金融吸引人之处在于它的可视性，除了提高交易效率之外，还因此具有信息生产与传递功能，降低各利益相关者的信息不对称。虽然各家银行推出的金融产品形式各异，但具有以下典型特征才能够满足银行风险可控的要求：自偿性；封闭性；连续性与动态性。资金流依存于物流意味着动态监控，交易主体长期的贸易关系意味着银行不仅因为多次交易而摊薄固定费用，也实现对客户持续的经营状况跟踪，进而减轻信息不对称，增加企业信用（张敬峰，2011）。邱巍（2009）认为，供应链金融中产品对主体信用风险实现了较彻底的隔离，应强化债项评价、弱化主体评价，采用违约率（PD）和违约损失率（LGD）相结合的评价方法。

由于供应链金融以结构化的交易为基础，所涉及的信贷主体可能是两个或者两个以上，高度结构化的融资方式也给银行的信贷管理带来前所未有的挑战。哈利卡斯（Hallikas，2002）认为，供应链风险的来源是由于：（1）存在更广泛的不确定因素；（2）牛鞭效应使供应链风险被放大；（3）连锁效应。皮特森（Petersen，2004）将供应链金融风险解释为“脆弱性”，分为内部和外部两种。内部脆弱性源于企业内部供应链缺乏敏捷性，敏捷性为一个组织在一个持续变化、不可预测的商业环境下的适应能力；外部脆弱性则主要受两个因素的影响，即资源和运输的复杂性、需求与预测的不确定性。巴斯基和诺亚（Barsky and Noah，2001）与吉尼、崔和马修（Jaein，Choi and Matthew，2006）等认为，供应链金融风险在于风险控制理念应由基于主体准入的风险控制转变为以过程控制为基础的风险控制。他们将供应链融资风险分为五类，即融资过程风险、信息技术风险、人力资源风险、环境风险和基本结构风险，并指出融资过程风险是核心，直接影响供应链融资的进行，而其余四种风险则通过影响融资过程来影响供应链金融融资。

（三）对策研究

1. 关系契约治理。许多研究在交易费用理论的基础上，把组织间管理控制模式概括为基于市场的管理控制、科层制管理控制和第三种管理控制。梅尔－科伊斯特拉和沃瑟尔曼（Meer-Kooistra and Vosselman，2000）提出了第三种管理，不同于前面两种以价格和权威为基础的治理，第三种管理控制系统是以信任为基础。德克（Dekker，2003）认为，对机会主义行为的治理和组织间任务协调既需要正式控制机制，如产出和行为控制，又需要非正式控制机制，如合作伙伴的非正式选择和信任机制等。默钱特（Merchant，1985）认为，当组织间合作收益及其分配机制趋于稳定时，信任关系会逐步取代部分正式管理控制机制，如以更灵活的事后协商和口头约定来取代事前严格而细致的合同约定。付丽茹（2012）研究了供应链交易型合作关系、协调型合作关系、协同型合作关系三阶段的演进路径，将供应链合作关系的长度、广度、深度细化为关系强度、关系持久性、关系沟通性、关系多样性、关系灵活性、关系公平性六个评价指标。麦克尼尔（Macneil，1978）认为，我们无法完全对组织间关系契约进行计划，但有可能对其结构进行计划。威廉姆森（Williamson，1975、1985）认为，合同设计的目标是使机会主义最小化，而经济抵押品、垂直合并和关系合同都在不同程度上成功地减少了机会主义。扎黑尔和文卡特拉曼（Zaheer and Venkatraman，1995）将关系契约治理分为结构与过程两个维度，关系的结构维度表现为纵向一体化以及潜存于关系之中的联合行动过程；资产专用性、不确定性、互惠的投资和信任共同影响关系契约的治理结构与过程。梅尔-科伊斯特拉和沃瑟尔曼（2000）将组织间交易的特征概括为交易本身、交易主体和交易环境的特征因素。罗珉和何长见（2006）认为，组织关系中有两种力在起作用——一种是吸引力，另一种是逃逸力，使两种力量处于均衡状态的是组织间的界面规则（interface rules）。所谓界面规则，就是处理组织间关系的各结点关系，解决界面各方在专业分工与协调需要之间的矛盾，实现组织间关系整体控制、协作与沟通，提高组织间关系效能的制度性规则。它是一种事实性规则，而不是非正式规则或者论坛规则，是由成员企业在合作交易中逐渐培养出来的，具有历史延续性特征。国内将组织关系治理应用于供应链融资的研究较少。温源和叶青（2011）研究了自偿性贸易中的银企博弈；叶飞和徐学军（2009）研究了供应链伙伴信任与关系承诺对信息共享和供应链绩效的影响。

2. 贷前风险识别能力提升。德杨和伯格（Deyoung and Berger，1997）将不良贷款增加的主要原因归结于商业银行的管理者自身管理能力不足、对贷款决策不能正确地判断以及贷后不能有效地管理，因此导致了银行资产质量的问题。类似地，塔拉舍夫（Tarashev，2013）也将商业银行体系内风险抵抗能力较弱状况归因于管理者缺乏专业能力。王春峰（2010）提出，中小企业的信贷风险与企业自身和银行都有关系。银行对中小企业缺乏明晰正确的认知，而且目前的风险评估体系不够完善，这些都是带来中小企业信贷风险的重要原因。梁彩红（2014）重视小微企业的独特性和融资特点，从甄别客户准入、创新信贷制度到贷后综合考虑企业非财务信息全面监测风险等多角度来防范小微企业信贷风险。孙丽（2018）分析了我国经济进入新常态后，形成不良贷款的客观原因是宏观经济和政府政策因素，主观原因是借款人和银行内部因素。银行经营信贷业务容易出现不良贷款问题，为避免由于信贷风险导致的不良贷款累积，如何用最优的方式处置不良贷款成为国内外学者关注的焦点。

3. 贷后不良贷款处置的有效方式。乔尔（Cheol，2002）认为，要充分利用金融市场，尤其是证券市场，利用证券化方式或者将不良贷款打包出售来减少不良贷款。这种方法在国外比较常见，而且国外有很多通过资产证券化的方式成功降低不良贷款率的例子。鲍尔（Ball，2011）评估了某商业银行形成巨额不良资产的原因，通过动态模拟模型分析资产管理公司的优势，提出了不良贷款的化解措施。法博齐、巴塔查里亚和波琳娜（Fabozzi，Bhattacharya and Berliner，2011）在对抵押贷款证券化进行总结归纳的基础上，从多个层面对抵押型资产证券化进行了创新研究，认为资产证券化发展是一个不断完善、不断成熟的过程。国外对银行信贷风险的研究有很好的基础，研究成果丰富且发展较快。国内关于小微企业信贷风险应对的研究以定性方法为主。王国松（2004）认为，成立资产管理公司是国际上采取最多的处置不良贷款的方式。通过对亚洲和欧美的资产管理公司处置不良资产的方式进行对比，分别分析了处置的目标、转移资产的规模、收购价格等要素，总结了各自的特点，并提出了我国资产管理公司可以借鉴的地方。黄意球、唐跃等（2013）将不良贷款的处置方式作为被解释变量研究，针对直接催收、诉讼和破产清偿三种处置方式建立了包括担保方式、经营状况、工商登记状态、贷款本金余额、本金占比在内的多元判别模型，同时，结合部分线性决策树（PLTR）模型归纳出了六种不良贷款的处置模式。李军等（2015）根据我国某大型银行以诉讼方式处置不良贷款的违约损失率数据，分析了各项影响因素并建立了完整的组合模型来估计不良贷款违约损失率，达到了较高的精度和可靠性。张舒翼（2017）提出了银行不良贷款处置偏好的概念，并进一步分析了处置偏好三个维度目标——流动性目标、收益性目标和安全性目标。

4. 行业分级监管制度。戈尔等（Goel et al.，2011）认为，应将银行资本充足率作为分析指标，对银行进行监管等级区分，以实现对不同监管等级采取相应的监管措施。监管当局会根据银行资产质量、盈利能力、资金流动性等因素做出综合评价，制定强制监管措施或酌情处置监管措施，从根本上避免银行不良贷款的产生。杜金富、徐洁勤和徐晓飞（2019）提出了“单项—单体—总体—系统性”分层风险管理的框架，主张定性与定量相结合、现场监管与非现场监管相结合、机构监管与功能监管相结合、审慎监管与行为监管相结合、微观审慎与宏观审慎相结合的监管体系。

二、文献评述

国外关于小微企业信贷风险的研究起步较早，已经持续约一个世纪，目前国外从风险识别、评价到风险控制都已有较为成熟的研究成果，针对小微企业融资难的问题已经提出了许多对应的解决措施，从最早的信用评分逐步到复杂的综合评分，在银企关系、软信息对企业信贷风险防控的重要性方面已经达成共识。国内学界对小微企业信贷风险控制的研究主要集中在三个方面：一是银行内部优化的研究，提高信贷服务效率，实现批量化、差异化信贷业务设计；二是研究互联网金融企业如何利用大数据技术加强风险控制，实现创新业务；三是针对目前小微企业信贷模式的不足，指出征信技术在信贷业务领域的优势与具体应用，并总结了可供国内银行借鉴的信贷风险控制理念和具体应对措施，定性地提出了一系列意见建议，但是实践中的运用还非常有限。在小微企业信贷领域，还存在以下值得深入研究的问题。

第一，小微企业信息不对称的理论内核。首先，随着“互联网+”技术的普及，“硬信息”的内涵被赋予了什么新的内容？是不是硬化的成分会提高？在大数据迅速发展的时代，如何在信息的海洋中识别经济事项最本质的驱动因素比如何获取信息更值得关注。其次，虽然很多人认为小微企业的

“软信息”比“硬信息”更重要，但是，毕竟“硬信息”才代表了企业的基本面，所以学者们的实证研究会出现相互矛盾。矛盾的根源何在？是否对信息属性的关注点不同所致，需要深入探究。

第二，借贷技术的详细解析。依据“存在即合理”的哲学思想，抵押比保证更受欢迎，房地产抵押比流动资产抵押更常见，背后的逻辑何在？需要借鉴国外学者对借贷技术的深入研究进行系统的理论梳理。如何应对银行与小微企业间的信息不对称现象、如何提高银行信贷调查技术手段及敏感性等问题，都还没有详细和系统的研究给出参考答案。

第三，一般性的理论抽象。目前对小微企业信贷风险的研究，依据个人经验的理论观点较多，但是如何从案例研究中开发出针对小微企业普适性的风险控制逻辑，需要系统的理论梳理。

风控单元的划分。要识别小微企业信贷风险首先要深入了解小微企业的特点。小微企业经营状况复杂，行业分布比较分散，天生具有管理水平低、内控不完善等特点，而且小微企业存在许多亲缘关系导致的模糊资金往来，传统贷款模式下提供的抵押物和担保品常常不能达标，这些都是国内小微企业在信贷业务中常有的信息特点。由于小微企业的风险来源具有多样性，在进行风险评估时应该以单体企业作为评价对象，还是以关联方作为评价对象，如何确定“圈子”的边界，这都是值得深入研究的问题。

三、分析框架

以信息不对称理论、风险哲学理论以及金融生态观为理论指导，研究内容如图2-1所示，分为以贷款方式及其风险为核心的事实性描述研究、基于信息特征的信息不对称研究及风险控制策略与技术的理论和案例研究，主要采用了文本分析法、比较统计分析法、案例研究法，最后综合运用了文本分析法与回归分析法。

基础理论：信息不对称理论、风险哲学理论、金融生态观
小微企业金融监控政策文本
1.银行小微企业贷款方式的偏好研究
贷款方式统计
违约率统计（信号传递）
损失率统计（风险补偿）
事实性统计
风险表征
2.风险监控的政策导向与实施概况
违约原因统计
3.基于信息特征的信息不对称解析
信贷风险管理的信息需求与供给
信息质量特征理论框架
信贷员对各项信息的质量评价
风险识别
档案资料
抵质押、保证风险关键控制点
问卷调查
4.风险控制策略与技术研究
社会网络分析+传染病模型
信贷风险控制的一般化策略与技术
风险应对
抵质押方式下风险控制的多案例比较
案例研究：担保圈不良贷款的发生、传递与阻断
风险控制中权变思维的理论挖掘
逻辑判断模型
5.综合实证：隐性风险、贷款方式与信贷风险
6.结论、建议与展望

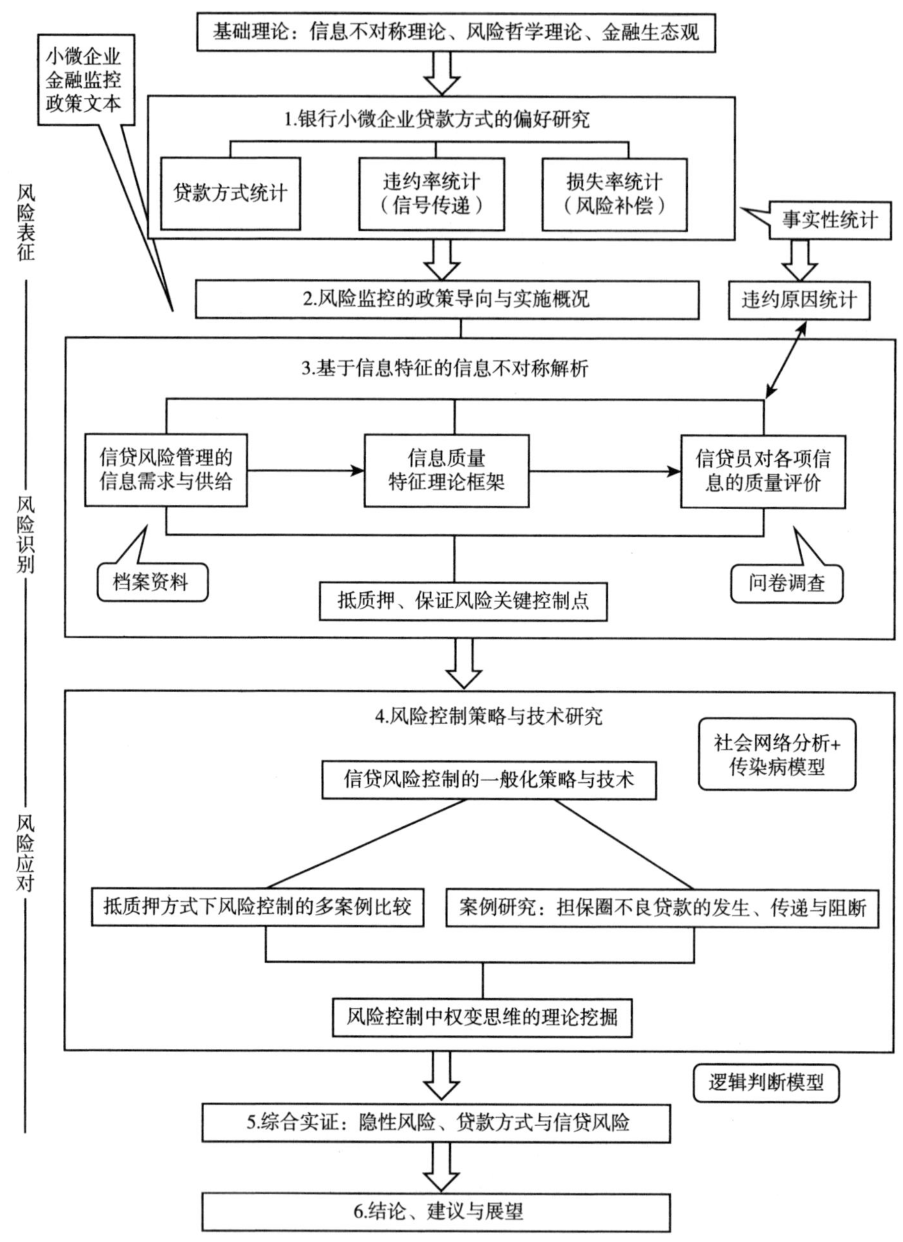

图 2-1　本书分析框架

第三章　贷款方式偏好的事实性特征

——基于浙江、湖北等地的调研统计

本章的目的在于通过对某市中心支行、商业银行的文本与数据采集，了解以下基本事实：(1) 小微企业抵押、保证贷款方式的使用频数，不同担保方式组合的实际运用，小微企业贷款方式创新的实际进展；(2) 抵押、保证贷款方式的风险程度，抵押、保证贷款方式的实际损失；(3) 不良贷款原因的统计。数据来源于浙江省××市中心支行的统计数据、浙江某市商业银行的不良贷款统计、湖北省某县某商业银行的交易统计以及访谈资料。以上数据均为本课题组调研所获取的一手资料。

一、贷款方式使用频数统计

1. 浙江样本。××市中心支行提供的数据显示，2014 年以来，××市企业抵质押贷款余额总体呈现下降态势，以年均 5.9% 的速度下降。其中，抵押物以房产、土地、设备等固定资产为主，其中约有 70% 是以房产作为抵押。2016 年 12 月末，企业抵质押贷款余额 1894 亿元，比年初下降 240 亿元，增速 -11.3%；占比为 55.8%。从走势上看，2013 年以来，××市保证贷款余额和比例持续下降，但在 2015 年末触底后有所回升。2016 年 12 月末，××市企业保证贷款余额为 1176 亿元，比年初增加 96 亿元，增速 8.9%；占比为 34.8%，比 2013 年末下降 1.3 个百分点，同时以年均 5.2% 的速度下降。相对于大中企业，小微企业抵质押贷款比例更高，保证贷款比例更低，大、中、小、微企业保证贷款比例依次为46.5%、30%、18%和5.5%。2016年12月末，××市企业信用贷款余额277亿元，比年初增加46亿元，增速19.7%；占比为9.4%，较2013年末上升约3.75个百分点，总体呈现增长态势，2014年以来余额以年均17.7%的增速增长（见表3-1）。

表3-1　浙江××市中心支行的贷款方式统计　单位：%

贷款方式	2012年末	2013年末	2014年末	2015年末	2016年末	2017年末
抵质押占比	56.2	59.4	62.1	62.0	55.8	52.1
保证占比	40.1	36.1	32.8	31.3	34.8	34.6
信用占比	3.7	4.5	5.1	6.7	9.4	13.3

资料来源：××市中心支行《对××企业信用贷款的调查与分析》。

由于浙江省××市中心支行统计数据中没有更为详细的贷款方式数据，为了进一步了解其贷款方式的使用，我们又对其下属某银行风险提示①报告书中有关担保方式的文本数据进行了归纳整理，各种贷款方式的使用见表3-2，由于大部分的借款企业都是同时使用保证、抵押两种方式，我们分

表3-2　贷款方式统计——基于某银行资料整理

担保要素	企业数（家）	组合方式	企业数（家）
企业担保	38	企业担保+抵押	12
专业公司担保	41	企业担保+专业担保	10
自然人担保	8	专业担保	9
企业联保互保	8	抵押	10
抵质押	42	专业担保+抵押	8
		其他担保+自然人	8
		企业担保+专业担保+抵押	6
		企业担保	4
		企业联保	3
		其他	6

① 风险提示是指存在某些导致可能违约的因素，这些因素或者来自企业内部，或者来自企业外部；或者属于客体风险，或者属于主体风险；或与第一还款源相关，或与第二、第三还款源相关；个人或家庭相关的软信息或者企业财务硬信息。风险提示蕴含了风险管理的对象以及可能采取的措施，由于交易发生开始便有了风险，因此风险提示不限于实质性违约前后。

别就每家企业贷款方式的实际组合使用进行频数统计以及担保方式的出现频次进行单项频数统计。

从贷款方式的单项统计来看，被出具风险提示书的76家企业中42家用到了抵质押贷款，41家企业用到了专业担保公司贷款，38家企业用到了企业担保贷款，8家企业用到了企业联保互保，8家企业用到了自然人担保，抵质押方式仍然排在首位。

贷款方式实际组合在企业的分布如下：（1）单一贷款方式。存在单一贷款方式的有26家企业，其中使用最为广泛的仍然是抵押贷款，有10家企业；其次9家为专业担保公司担保；再次为7家企业担保或者联保。只有1家企业采用的是单一的自然人担保（包括在其他中），其借款额度较小。（2）混合贷款方式。由于大部分企业存在多笔信贷交易，因此对其中50家企业采用多种保障并存的贷款方式，其使用频率由高到低依次为是“企业担保+抵押”“企业担保+专业担保”“专业担保+抵押”“其他担保+自然人担保”“企业担保+专业担保+抵押”。由此可见，对于大部分小微信贷企业而言，都存在多重风险并存的可能。

2. 湖北样本。湖北样本的保证方式相对单一，多重保证较少。湖北省某县某商业银行小微企业贷款方式的统计结果见表3-3：以抵押方式为主，保证贷款为次，信用担保是银行最为慎用的方式，变化趋势也比较接近。抵押贷款5年来每年总额度为4亿~10亿元，呈增加趋势，比例稳定在55%~60%，抵押物为商铺、房产、土地、工程等不动产抵押。保证贷款仅次于抵押贷款。保证贷款比例为30%~42%，其中专业担保公司保证比例为70%~90%，企业担保比例为7%~16%，其余为行政事业单位担保。企业信用贷款虽然比例最低，但是近几年呈现了上升趋势。

表3-3　湖北省某县某商业银行小微企业近五年贷款方式占比统计　单位:%

贷款方式	2015年末	2016年末	2017年末	2018年末	2019年6月
抵押	58.79	58.17	55.69	57.98	59.70
保证	34.43	41.01	36.19	31.93	30.89
信用、质押	6.78	0.82	8.12	10.10	9.41
抵押物中:					

续表

贷款方式	2015 年末	2016 年末	2017 年末	2018 年末	2019 年 6 月
商铺	16.32	20.34	24.60	30.28	30.83
厂房	13.29	18.66	16.36	14.49	14.75
在建工程	11.13	17.76	17.48	17.69	13.03
土地	38.42	20.89	8.91	9.27	11.56
自建房	6.77	14.41	28.17	24.18	27.97
保证人中：					
专业担保公司	80.56	88.10	81.08	76.74	72.29
企业担保	9.08	7.8	11.74	11.60	15.58
行政事业单位担保	10.34	0.58	0.65	4.04	4.94

进一步地，对该银行2019 年6 月的小微企业的产业大类与贷款方式进行了交叉统计（见表3－4），数据显示第二、第三产业使用抵押方式的比例明显高于第一产业，进一步佐证了银行对实物资产抵押的偏好。

表3－4　　　　产业大类与贷款方式频次统计　　　　单位：次

产业	抵押	保证	其他
第一产业	2	3	0
第二产业	22	21	1
第三产业	23	5	7

进一步地，我们统计了融资方式的融资能力差异（见表3－5）。保证担保的融资能力，依据2019 年6 月的尚有贷款余额的单笔贷款额度均值排序为：中小企业担保 > 其他行政事业单位担保 > 财政与专业担保公司 > 公务员和垄断企业员工 > 一般自然人；从发生频次来看，依次为：专业担保公司 > 公务员和垄断企业员工 > 自然人 > 中小企业 > 其他行政事业单位 > 财政。抵质押物的融资能力，从其使用频次来看，由多到少排序依次为：商铺 > 企业固定资产 > 自建房/商品房 > 质押 > 土地使用权抵押；从单笔贷款的放款额度来看，由大到小依次为：企业固定资产 > 质押 > 土地使用权抵押 > 商铺 > 自建房/商品房，一定程度上反映了可用的融资方式与不同担保方式融资能力之间的偏差。

表 3-5　不同担保方式下的小微企业贷款单笔放贷额度均值　单位：万元

保证	额度	抵质押	额度
专业担保公司	300（40）	厂房抵押/在建工程/设备	1004（21）
公务员、垄断企业员工	57（22）	商铺抵押	515（33）
中小企业	1615（4）	土地使用权抵押	915（7）
自然人	35（6）	自建房抵押/商品房	306（15）
其他行政事业单位	675（2）	股权、收费权、应收账款及其他动产质押	941（11）
财政担保	300（1）		

注：括号中为该种担保方式使用频次。

比较两地样本，贷款方式使用的总体情况如下所述。

（1）两地样本的共同之处在于抵押的使用。在担保方式中，抵押方式占大多数，其次为保证方式，银行在小微企业贷款中对抵押方式的偏好性比较明显。两地样本的押品也同样集中于房地产、在建工程、商铺等不动产，质押和信用贷款比例较低，说明创新型贷款方式并不普遍，互联网金融相关技术的吸收融合还有比较大的空间。

（2）保证人身份特征是湖北样本与浙江样本的差异所在。湖北样本的保证人身份集中于专业担保公司和自然人，其中专业担保公司比例为70%～80%，从其保证额度来看专业担保公司的担保能力也明显强于其他保证人，反映了当地金融市场的欠发达特性。

浙江样本的专业担保公司担保略高于企业担保，但是企业担保的比例明显高于湖北样本，而不少企业之间还存在产业关联、融资关联或社会关联，贷款方式决定了风险集聚特征。××市中心支行2018年8月《现行贷款担保制度存在的突出问题及建议》对风险状况已经充分表述。原文如下：

> 2013～2015年金融风波中出险的企业，约有45%是因为担保链、担保圈间接引发，而非自身经营出问题、主债务逾期导致的风险。到风波已经基本平息的2017年，前三季度全市出险的138家企业，仍有40%是担保链传导所致，贷款金额占出险贷款总额的56%。反映在债权银行的资产

质量上，保证贷款占比高的银行不良率也高：2016 年本市国有银行、股份制银行、地方法人银行的保证贷款余额占比分别是 31%、52% 和 17%，贷款不良率分别为 3.2%、4.0% 和 1.8%。

二、不同贷款方式的风险比较

1. 浙江样本。

总体上，浙江样本保证贷款的风险比抵质押贷款更高。虽然抵质押在涉险企业中的分布仍然是最高，但是涉险企业中大部分存在风险的交易是保证贷款，印证了银监会的保证贷款风险发生率更高的结论，但是结欠不良的抵质押贷款余额更高，进一步的数据观察发现，抵押贷款在房地产相关行业更为集中，并且贷款额度较大，然而从最终预计的损失来看，押品的处置通常是可以补偿损失的，预计损失明显低于保证。总之，浙江样本显示保证贷款的风险高于抵质押贷款，并且最终损失也更大。这些数据能够一定程度上解释为何银行更偏爱抵质押贷款（见表 3－6）。

表 3－6　　信贷交易及风险结果统计——基于银行资料整理

贷款方式	交易笔数（笔）	比例（%）	结欠不良（万元）	预计损失（万元）
抵质押	102	29.39	35197	664（3 笔）
保证	229	65.99	29258	4723（28 笔）
保证＋抵质押	7	2	2382	512（3 笔）
信用	3	1	496	0
合计	341	100	67333	5899

2. 湖北样本。

湖北样本小微企业贷款中抵押贷款的风险大于保证贷款。我们取得了不同贷款方式下的逾期贷款交易数据（见表 3－7）和不良率统计数据（见表 3－8）。从逾期贷款可以看出，据 2019 年 6 月的统计，抵押方式下的逾期贷款占全部逾期贷款的比例为 59.38%，保证方式下为 28.50%，两项统计数据与同期新增交易中的贷款方式比例接近，难以判断哪一种更安全。但是，历年的不良率却有明显差异。2015~2019年每一年的统计结果抵押方式的不良率都较高。保证贷款总体风险可控，但是2018~2019年由于经济形势变差，无论哪一种贷款方式不良率都明显上升。

表3-7　湖北样本截至2019年6月小微企业逾期贷款余额构成统计

贷款方式	笔数	余额（万元）
抵押	74	43394.28（59.38%）
其中：国有土地使用权	7	6064.97
厂房抵押	10	9117.30
商品房抵押	2	234.17
商铺抵押	33	13864.14
设备抵押	2	210
在建工程抵押	10	10020.86
自建房抵押	13	3881.50
保证	75	20829.26（28.50%）
其中：财政保证	1	45
专业公司保证	40	12858.46
中小企业保证	4	5258
公务员或垄断企业员工保证	22	1133.98
其他企事业单位保证	2	1350.00
自然人保证	6	183.82
质押	11	8194.16（11.2%）
其中：收费权质押	3	2400
应收账款质押	5	4434.16
股权质押	2	1260
其他动产质押	1	100
信用	2	660（0.9%）

表3-8　湖北样本小微企业贷款近五年不良率统计　　单位:%

贷款方式	2015年末	2016年末	2017年末	2018年末	2019年6月
抵押	0.7	1.66	8.98	12.22	10.72
保证	0.2	0.95	6.05	13.69	9.85
质押、信用	0	0		3.22	1.37

比较两地样本发现，不同于湖北样本集中于专业公司担保，浙江关联担保的使用更加普遍，由于存在更为复杂的担保关系，浙江省小微企业信贷风险集中爆发于保证担保信贷，更确切地说保证担保关系引致信贷风险最为典型。浙江样本中抵押贷款更为安全，押品的变现能力好于湖北样本。

三、风险原因统计/解释

1. 浙江样本。

风险原因的分析，我们采用了风险提示报告文本分析的方法，风险因素统计结果如表3-9所示。首要因素是企业经营不善，其次是个人或者家庭因素，再次是民间借贷诱发。由于信贷风险集中于保证贷款，我们又对保证担保方式下的风险提示语进行了进一步阅读，以了解银行对于保证担保风险的主要关切（见表3-10）。发现银行最为关注的是担保公司的保证能力，其次是对保证意愿的关注，其所搜集的信息范围包括担保公司的经营状况、债务状况、对外诉讼等非财务信息。

表3-9　　重大风险原因统计——基于银行资料整理

风险因素	笔数	备注
经营不善	39	投资失误较多
个人或家庭因素	15	赌博、离婚、失踪、死亡等
民间借贷	12	
逾期	12	
投资重组	10	
关联担保、抵押	9	

表3-10　　风险提示语的关注点统计

风险等级提示语	笔数	判断依据
预计损失较小	128	提供担保公司实力、经营状况、盈利情况
不对预计损失做判断，仅判断偿还意愿	6	表示愿意偿还、保证人认为能归还本息、主动提出归还意愿

续表

风险等级提示语	笔数	判断依据
预期有一定损失	26	涉及关系复杂、处置困难；对外担保多；发生债务危机；涉及多起诉讼；提供担保的公司经营不善；保证能力减弱；保证能力一般
预期损失较大	10	提供担保公司已经关停、实际控制人死亡
含义不明	59	与保证人沟通要求归还贷款、不清楚、未逾期……

从其措辞来看，分为以下几个级次，显示了银行对于保证担保风险的不同判断结果："担保公司实力较强，预计损失较小""担保公司正常经营，尚有利润""担保公司有一定担保能力""保证人有代偿意愿"。

2. 湖北样本。

关于湖北样本对于风险原因的解释，由于资料较为概括，我们采用的是访谈的方法。近年来不良率上升的主要原因是经济环境的普遍影响，而保证风险小于抵押风险，主要是由于该市的保证人为专业担保公司，在经济形势好的情况下，代偿能力较好，风险可控，随着经济形势的整体恶化，代偿事件越来越频繁，导致担保机构的代偿能力下降，而该地的担保机构不像东部沿海地区那么发达，多数为政府支持下的担保公司，银行的选择余地有限，风控形势日益严峻。

我们了解到对于抵押风险的控制，该机构采用了"300 万元以上贷款外部专业机构独立评估、300 万元以下内部评估"的方式控制风险，抵押风险高主要是抵押物处置难度大，采用抵押贷款的额度通常比较大，由于押品多为房屋建筑等，不可分割，处置时难以找到能够接受那么高价值的下家，尤其在经济不景气时，投资本身的风险大，导致了押品处置难。即便如此，为何银行还是会更多地选择抵押贷款呢？银行方面给出的理由是：银行提出抵押要求有时候并不是出于风险补偿考虑，而是选择债务人较为看重的资产做抵押，目的是对其违约行为形成足够的威慑，这是银行不得已的选择，也是尽可能地利用抵押功能防范道德风险。由此可见，对押品的要求除了其流动性、保值性之外，相对重要性也是风险防范的重要属性。

四、其他微型企业信贷

1. 传统小额信贷模式。

为了进一步了解小微企业信贷的多种形态，在对县市级调研时我们顺便对湖北××市乡镇的农商行调研，采用了现场座谈，还对贵州某少数民族县进行了实地调研。湖北×市乡镇农商行的小微企业大多为个体工商户，贷款对象的身份为农民，最主要的贷款方式为信用贷款，特点为额度较小，通常不超过10万元，由于乡镇的地理范围较小，信贷员对各家各户的经营情况较为了解，通常在实地调研的基础上发放10万元以内的小额信用信贷，小额信贷具有小而散的特点，风险可控可见，其风控的主要依据是充分利用空间范围小的熟人社会信息不对称程度较低的特点。

与我们在贵州某少数民族集聚的小县城村镇银行的调研对象类似，村镇银行的服务对象通常为个体工商户，规模以下贷款以自然人担保为主。我们取得了该银行成立以来140笔农户信贷业务，全部为保证贷款，银行方面的解释为农户没有可抵押财产，只能采用保证的方式，信用贷款由于风险太高而被控股股东禁止采用。通过一年以后的回访，我们了解到已经有57户正常退出，尚有余额的有83户，其中2户存在利息不能及时支付的情况，涉及贷款总额为20万元，风险追踪的情况是企业暂时资金周转困难，银行方面采取的措施是借新还旧，逐步压缩，目前的风险敞口为17万元，相对于1000多万元的发放额度，风险在可控范围之内。该银行主诉的信贷风险是保证人真实的保证意愿，在采用自然人担保时，不少保证人对自身的保证责任缺乏正确的认知，导致实际责任承担时不配合，带来催收障碍，因此我们认为强化其保证责任、规范保证程序是比较重要的。小微企业中的微型企业通常是小额信贷，其贷款方式以自然人担保、信用为主，究其原因是借款人抵押能力不足。

2. 互联网金融模式。

随着互联网技术向金融领域的渗透，互联网金融也具有小额信贷的特质，其主要特点在于免抵押和交易行为信息的利用。针对小微企业群体目前存在以下三种信贷：（1）“电商 + 银行”模式。以京东的供应链金融为例，京东利用生成的结算数据，为供应商提供融资中介服务，自身并不经营资金，其资金来源主要是银行。（2）“银行 + 互联网”模式。银行借用银联平台，利用商户自身稳定的 POS 交易记录为贷款审批的主要依据。近年来有些商业银行也推出了支付功能，可以直接跟踪客户的交易信息，并将其转换为信贷决策参考。（3）电商小贷模式。以阿里巴巴、京东、拍拍贷为代表的电商小额贷款，其特点为以身份信息、实时交易数据、客户评价数据或者长期贸易伙伴的入库单为决策依据，采用黑名单制控制风险。

五、关于贷款方式的基本判断

综上所述，银行贷款方式的选择既是主动的风险防控的结果，也是借款人保证方式不足时银行被动选择的结果，市场体系是否比较完善、当地经济发展水平、企业所处的行业及其资源禀赋、银行的风险管理制度要求、押品本身的市场接受程度等都对贷款方式产生不同程度的影响。

1. 银行在贷款方式的选择上具有明显的风险规避特征，抵押贷款仍然是最受银行欢迎的贷款方式。比较两地样本，抵押贷款作为一种保证程度较高的贷款方式仍然是银行较为偏爱的一种形式，对于微型企业以自然人担保、信用为主是因借款人押品不足银行不得已的选择；对于额度较大的贷款，银行出于风险补偿的考虑，还是倾向于选择经济组织担保或者抵押贷款，押品不足导致小微企业融资能力十分有限，这一业界共识再次得到验证。

抵押物选择的原则是产权清晰、变现性强、能保值，以确保风险补偿功能。首先，行业因素也影响其融资能力，对于资金密集型行业，典型的是房地产相关行业，抵押贷款运用最为普遍，企业所在行业的要素结构决定了其可抵押物，进而影响其融资能力。其次，银行在进行押品选择时，有时押品的变现风险明显较大，风险补偿功能弱，但银行仍然“明知故犯”，是由于考虑该项资产债务人较为看重，该押品能够形成对债务人足够的震慑作用，以此防范道德风险的发生。但是，抵押贷款由于要进行押品的现场勘察、估值等相对复杂的程序，合同的交易费用高，相比之下保证贷款的程序相对简单，在相关主体资格满足的条件下，合意即可成交，其保证成本体现在债务人要承担利息费、保费、保证金等，加大了偿债风险。虽然如此，大多数银行两害相权取其轻，还是更愿意接受初期成本高的抵押贷款，这反映了银行有着明显的风险规避倾向。

2. 市场发展水平限制了押品的选择范围，押品主要集中于房地产等不动产。大部分的信贷风险起因是经营风险，因此，抵押的使用更多地考虑到其风险补偿功能，而不是消除事前的信息不对称。不管是在经济发达的东部沿海，还是相对落后的中西部地区，规模以上贷款都是以房地产为抵押品，押品仍然较为传统、相对单一，受楼市风险冲击较大，金融风险难以消散。银行贷款方式的决策因素是多样的，银行主动选择和被动选择并存，这种状况与市场经济的发达程度密不可分，体现为：动产抵押监管成本高，变现较难，无形资产的市场尚未形成，押品是否具有普遍可接受性是影响贷款方式的重要因素。从宏观视角看，押品集中于房地产而导致房地产行业与金融行业的相互锁定，总体上不利于经济结构的调整。

3. 区域市场经济的发达程度是影响其贷款方式使用以及风险化解途径的关键因素。当地经济发展水平限制了银行可用的贷款方式。在贵州某少数民族聚集地（非旅游景点）集中体现出来。另外，由于其人口居住比较稳定，房地产市场并不活跃，小微企业业主的房产变现难度大，也是影响其贷款方式选择的重要因素。在贷款方式选择有限的情况下，小微企业难以筹措到大额资金，势必影响其投资能力，在没有外来资金注入的情况下，导致该地区的经济长期处于停滞或者发展迟缓状态。在经济同样比较落后的湖北某乡镇，则以采用信用贷款为主，主要是由于居民居住相对集中和稳定，信息不对称程度相对较弱。

4. 机构的风控策略差异也是导致两地贷款方式安全性差异的原因。通过风险管控文件，我们找到了两省保证担保结构差异的制度性原因。湖北样本担保风控要求：（1）“法人型担保公司保证贷款占各贷款比例不得超过 20%，单一担保公司占各贷款比例不得超过 5%，不得与异地非省级以上国资背景担保公司合作，已经超过的要严控增量，逐步压缩。”即通过保证人身份资格、风险分散策略控制担保风险。（2）集团贷款控制。对于集团客户采用“1+2”管理，即“一个集团客户仅允许其在法人行准入两家成员单位，超过部分需要抵押等强担保方式；一个集团客户最多在全省两家法人行办理贷款（不含成员行银团贷款）”。“加强集团客户信息的披露、核实和认定。对公客户在申请信贷业务时，应填报《客户关联关系披露承诺函》，并明确隐瞒关联关系的法律责任”。体现了防范风险扩大的控制策略，这种制度性要求必然会在业务结构中体现出来。

5. 风控策略一定条件下会演变为风险来源，不同风险会有此消彼长的特征。市场发达水平欠佳也同样从保证人构成选择中体现出来，湖北样本是以专业担保公司为主体，但是，由于该地区的专业担保公司本身只有少数几家，并且都是在政府支持之下，导致银行的选择余地有限，风险无法分散，在近几年经济下行压力较大的情形下，担保公司的代偿能力大受影响，坏账增加，必然会收紧担保，银行在严格的问责制度下，也必然“慎贷”，当地企业融资更难。可见，市场自我发展能力尚未形成而依赖政府支持存在难以持续发展的弊端。出于风控目的下的担保公司资格控制，在一定条件下控制效果显著，但是这样也会导致风险无法分散而扩大风险，这也是风控策略反作用于风险的较为常见的一种情形。因此，如何准确把握相机而动的风险特征，适时调整和运用策略正是风险控制需要攻克的技术难题。

6. 信贷风险具有并发特征，需要进行综合风险管控。贷款方式在实践中的运用通常是多种方式组合，抵押与保证并用最为常见，而提供保证的法人与借款人之间存在产业、社会关联或其他关联，带来不同主体关系组合，必然导致信贷风险具有多重并发特征，多个风险来源并存意味着风险控制具有复杂性、多变性、传递性的特征，需要识别信贷风险的具体内容结构以及相互作用，估计各自的发生概率及其协同关系，在此基础上，进行损失估计、压力测试和控制策略决策。

第四章　小微企业信贷风险管理的制度导向与实施效果

——基于湖北省银行业协会的调研分析

一、小微企业信贷的制度导向

信贷政策的总体思路是确保信贷支持的商业可持续性，意味着一方面要保证风险可控，另一方面要确保小微企业信贷支持，也隐含着以市场手段为主、行政手段为辅的执政理念。其银行的制度假设为：在商业可持续性的政策目标下，贷款违约率和风险损失率越低的银行，其小微企业信贷业务增长越快，预期收益越好，越有利于良性循环的实现。政策内容既包括强制性政策要求，也有一些引导性政策，强制要求体现为“两个不低于”，即普惠型小微企业贷款余额不低于年初水平，有贷款余额的户数不低于年初水平。引导政策总体上分为如图 4－1 所示的体系建设和风险控制机制建设。其中，体系建设包括金融系统内部的多层次服务体系和金融系统外部的政府与市场服务体系；机制建设方面，银监会提出六项机制（利率的风险定价机制、独立核算机制、高效的贷款审批机制、激励约束机制、专业化的人员培训机制、违约信息通报机制）和四单原则（小企业专营机构单列信贷计划、单独配置人力和财务资源、单独客户认定与信贷评审、单独会计核算），为体制建设提供了更加明确的理论指导。

2020 年，银保监会推出了《商业银行小微企业金融服务监管评价标准》，金融监管评价从以下五个方面考评机构的服务水平：一是小微企业信贷资源

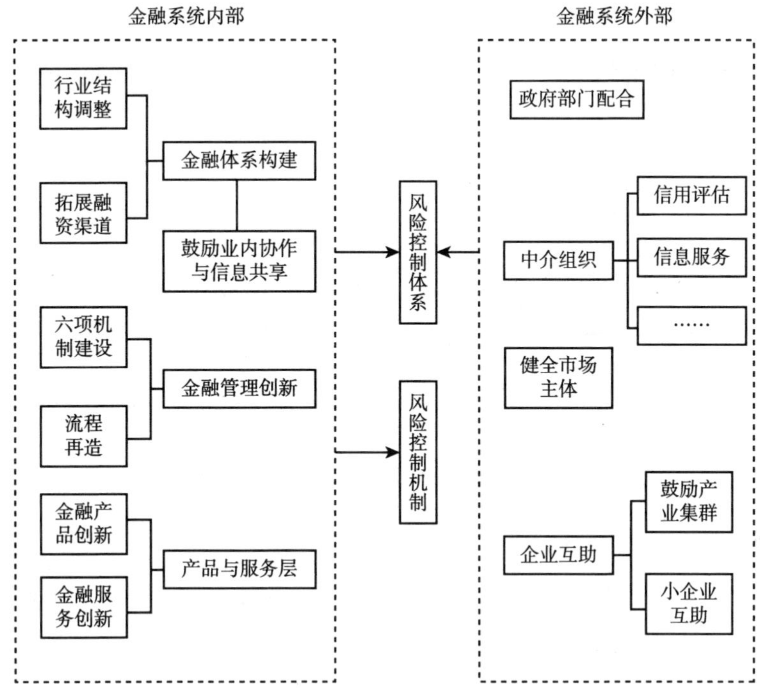

图 4－1　小微企业信贷风险的防控体系

的投放，除了继续考察“两个不低于”之外，还有新增小微企业客户的贷款覆盖面和贷款质量的评价，贷款质量的评价锁定为不良贷款率指标。二是体制机制建设情况，对原来提出的六项机制进行了重新归并，变为“综合服务机制、风险管理机制、资源配置机制及考核与核算机制”四项机制。三是监管政策落实情况。监管政策落实主要在于两点：尽职免责条款的制定与实施、小微企业金融服务信息的采集与披露，两方面的考核指标体现了政策落实的难点。四是产品与服务创新情况。产品与服务创新重点在于信息来源的广泛性和信贷方式的多样性以及信贷产品的结构调整，并鼓励与政府性担保融资机构合作，扩大普惠型贷款的范围。五是对上述情况的监督检查，主要是对小微企业贷款中的不规范行为和歧视性行为进行纠错。由四项机制构成的贷款质量控制体系如图 4－2 所示，确保有质量的、普惠性的小微企业金融服务是行业的政策导向，包括机构治理结构在内的综合服务机制的建设为小微企业金融服务监管提供了环境条件，专门的监督与检查为政策的落实提供了效果保证，完善的信息系统、合理的考核与评价制度是达成目标不可或缺的手段，在信贷风险控制难度较大这一背景下，服务与产品的创新则是目标达成的依托。

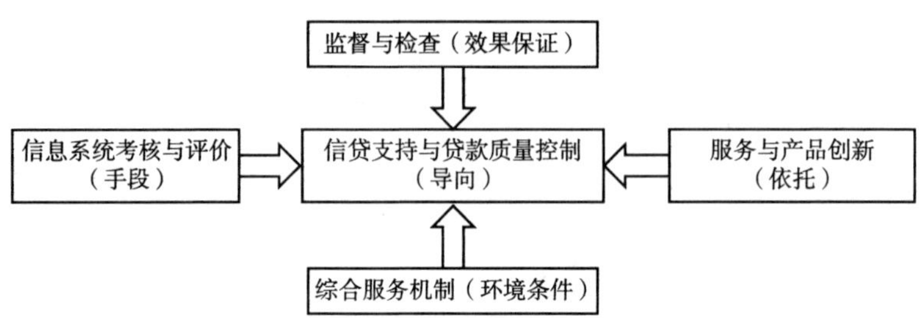

图4－2　小微企业金融监管的机制建设示意图

评价标准对各项指标进行了赋分，有正向赋分和负向赋分，正向分合计100分，负向分合计30分，并由此最终评出四个评价等级，不同分值体现了对制度措施的权重差异和政策倾向。负向赋分集中于尽职免责与非规范行为，从负向赋分的分值看，扣分最多的是尽职免责条款的制定与实施，为－8分，其次为不规范行为和歧视性行为，各为－5分。负向赋分目的在于鼓励小微企业信贷业务的展开。从正向赋分看，各项分值由高到低依次是：产品与服务创新＞体制机制创新＞政策落实＞督导检查。从正向赋分可以看出，信息范围的拓展和信贷方式的创新是小微企业金融监管试图突破的方向。

表4－1对上述制度条款的隐含意义及测度或评价方法做出解析。

表4－1　　信贷管理制度含义一览

制度导向	具体目标	观测指标
信贷政策目标	“两个不低于”	信贷额度
资源分配	实体经济贷款比例	信贷额度增长
	小微企业的信贷覆盖面	制造业贷款余额比例
融资机会分配	商业可持续、风险可控	获取银行信贷企业比例交易不良率、风险损失率
公正与效率兼顾	客户信用结构	各信用等级客户比例
信用培养		
降低企业破产		

续表

制度导向	具体目标	观测指标
行业结构	行业协作	行业信息共享机构比例
	行业与市场中介协作	担保次数、担保额度、覆盖面
	行业与政府部门协作：积极对接发改、科技、市场监管、海关、电力等部门，拓展小微企业信用信息采集渠道，创新授信审批技术和信贷产品	与政府部门协作机构比例
服务优化	交易费用 时间成本	手续费、财务顾问费或贷款承诺费 担保费（率） 交易办理时间
产品与技术创新	积极发展面向小微企业的供应链融资、知识产权、股权、仓单、存货、保单等新型质押类信贷业务	抵押担保范围 抵押担保放大倍数
	利率水平 差别化利率 根据小微企业发展阶段、经营周期、资金需求特点合理设置贷款期限和还款方式，创设期限灵活、本金偿还方式多样的贷款产品	平均利率 利率标准差
贷后管理	信贷展期与重组	获得债务重组的企业数 重组债务额度、比例 不良贷款容忍度 债务重组企业生存率

1. 构建多层次债务融资体系，满足多样化市场融资需求，分散小微企业信贷风险。

多层次有规模与产权两层含义。一种广泛的认知是，早期我国以国有商业银行为主体的金融体系是中小企业融资难的一个重要成因。本着对口支援的原则，也即市场交易的买卖双方通常是规模对等。各银行业金融机构在民营经济相对活跃、民间资本雄厚、金融需求旺盛的地区可适当增设机构网点；按照“低门槛、严监管”的原则，适当扩大村镇银行等新型金融机构的试点范围，加快审批进度。同时，要进一步规范和疏导民间借贷活动。

小微企业信贷成本高、风险大，所以大部分商业银行不愿意从事小微企业信贷业务，小的金融机构是否可以克服上述问题呢？有学者认为，大型商业银行其业务流程通常是依据大企业信贷业务而设定，程序复杂、耗时长，不适于小微企业融资，那么如果大型商业银行通过流程再造是否可以克服上述问题呢？多数学者认为，小的金融机构会以更低成本和风险从事小企业信贷业务（是如何做到的有待研究）。因此，从金融体系的构建来看，隐含了以下经济含义。

（1）商业银行网点的地理分布密度越高，地理距离越近，越容易获得具有重要决策价值的软件信息，小微企业获得信贷越容易，越利于信贷风险控制。

（2）金融机构的规模越小，越会以小企业或者家户为目标市场，因而利于小微企业获得信贷，越倾向于针对性信贷服务，有利于降低信贷风险。反向假设：大型商业银行有着更强的资源调配能力、规模效应优势以及抗风险能力，因而更容易占领小微企业市场，在小微企业客户的绝对数方面更有优势。

（3）金融机构的股权结构中民间资本比例越高，越有可能以小企业或者家户为目标市场，越有利于小微企业获得信贷。

（4）股权结构多样化的地区，金融体系越完备，越有益于减少小微企业对信贷资金的依赖程度，多渠道缓解企业融资难。

2. 创新风险管理体制，提高商业银行风险管理精细度。

为引导金融机构落实科学发展观，银保监会提出“四项机制”的制度建设，要求各商业银行设立小微企业融资的专营机构，通过内部机制创新实现控制风险和成本，保障信贷支持政策的商业可持续性。其管理理念是发挥专业化经营优势，提高风险管控的精确度，进而更加有效地控制风险。进行了风险精细化管理的银行能够更加有效地控制风险，提高小微企业信贷业务的期望收益，从而加大对小微企业信贷的支持。

反向假设：风险管理水平的提高可能提高银行的风险识别能力，可能使银行更加谨慎放贷，使小微企业信贷业务增加更加缓慢。

由于精细化管理会提高管理成本，因此需要配合流程再造降低交易费用。关于交易费用对市场的影响，科斯早有论证，不完美市场导致市场的资源配置失灵。在实践中，小微企业融资难的困难之一是审批过程长、手续复杂，导致企业错失商机，因此政策设计包含了降低融资交易费用的内容。具体有：（1）提高审批效率，降低时间成本；（2）流程优化，降低经济成本；（3）银行让利于企业。

其具体制度含义如下所述。

（1）实行了“四单原则”和建立了专营机构的银行，能够更加有效地控制风险，提高小微企业信贷业务的期望收益，加大对小微企业信贷的支持。

（2）引入了专业化定价技术，采用差别化定价的银行，能够更加有效地控制风险，贷款违约率和风险损失率更低。

（3）采用精细化风险等级管理（12 级）的银行，能够更加有效地控制风险，贷款违约率和风险损失率更低。

（4）建立了“尽职免责，失职问责”制度的银行，激励约束机制更加有效，控制风险更加有效，贷款违约率和风险损失率更低。

（5）建立单独的小微企业信贷风险管理的机构，其坏账风险容忍越高，小微企业信贷业务增长越快。

3. 深化专业化服务与差异化产品，通过风险工具开发，适应于多样性风险。

在金融产品的提供上，要求提供多样化、差异化的金融产品。而专业化与多样化并非必然存在矛盾，前者是呈现给小微企业的金融产品与服务，后者是金融机构内部的服务水准。多样化的金融服务有益于多样化、差异化的小微企业获取适销对路的金融产品，虽然产品的设计上呈现出多样化，但是风险管理的技术内核是一致的，专业化的服务有助于银行准确识别风险、评估风险和应对风险。

然而，专业化不一定带来小微企业信贷的扩展，风险管理水平的提高既可能提高银行的风险识别能力，使得银行更加谨慎放贷，也有可能使银行能够更加有效地控制风险，提高小微企业信贷业务的期望收益，从而加大对小微企业信贷的支持。其制度含义如下所述。

（1）拥有多样化金融产品的机构，能够满足不同层次与类别的小微企业融资需求，拥有更多的小微企业客户，采用“一户一策”的更加有效的风险策略。

在实践中，多样化金融产品对缓解小微企业融资难的另一层逻辑是转变原有的单一的有形资产抵押的信贷模式，降低融资的门槛限制。

（2）允许传统的抵押、固定资产担保之外的非有形资产抵押的金融机构，能够更加有效地控制风险。

风险管理精细化的目的在于有效控制风险，对业务的扩展可能会有两种截然相反的影响：其一是原来信任的信贷项目，由于风险被揭示，变得不再信任；其二是原来以为有较大风险的项目，经过评估认为风险可以接受，进而决定放贷。

（3）向小微企业提供财务咨询与中间业务的银行，能够更加有效地监控企业经营行为，缓解银企双方的信息不对称，从而更加有效地控制风险，贷款违约率和风险损失率更低。

4. 拓展信息共享范围，有利于缓解信息不对称，控制信贷风险。

银企双方的信息不对称是影响小微企业信贷业务扩展的根本因素，信贷政策中关系到信息不对称缓解的政策有：强化金融服务、行业信息共享、金融体系外的非财务信息搜集等内容，以此减少资源配置失误。因此，存在以下制度含义。

（1）参与了行业违约信息通报的银行，能够更加有效地控制风险，贷款违约率和风险损失率更低。

（2）与政府相关部门存在协作关系的银行比较注重非财务信息的搜集，能够更加有效地控制风险，贷款违约率和风险损失率更低，小微企业信贷业务增长更快。

（3）与信用中介存在合作关系的银行，比较注重非财务信息的搜集，能够更加有效地控制风险，贷款违约率和风险损失率更低，小微企业信贷业务增长更快。

5. 建立多主体参与的风险分散体系，有利于风险控制策略的实施。

国务院办公厅印发的《关于有效发挥政府性融资担保基金作用切实支持

小微企业和“三农”发展的指导意见》（以下简称《指导意见》）要求，“各级政府性融资担保、再担保机构要重点支持单户担保金额500万元及以下的小微企业和‘三农’主体，优先为贷款信用记录和有效抵质押品不足但产品有市场、项目有前景、技术有竞争力的小微企业和‘三农’主体融资提供担保增信”。在经济形势下行的背景下，小微企业经营的脆弱性更加凸显，为了帮助企业渡过难关，《指导意见》要求“规范银行业金融机构和融资担保、再担保机构的收费行为，除贷款利息和担保费外，不得以保证金、承诺费、咨询费、顾问费、注册费、资料费等名义收取不合理费用，避免加重企业负担”。其制度含义如下所述。

（1）金融支持体系越完善，担保机构协作越广泛，小微企业信贷风险越低。

（2）减低担保费用有助于更多的小微企业获取贷款，也有利于减小企业违约风险。

（3）多元化的市场体系，有利于债务重组、风险吸收等多样化的信贷风险化解手段的实施。

但是，对于信贷支持过多的政策干预，长期来看也可能存在负面效应。国外相关实证研究表明，当政策性信贷更多地被视为一种补贴或者拨款时，将导致较低的还款率，会进一步破坏信用环境。

反向假设：长期来看，让利于小微企业的债务重组会导致信用环境恶化，违约率上升。

二、湖北省金融体系的总体结构

本次调研在湖北省银行业协会的支持下对全省各类银行进行了抽样调查，能够反映全省行业结构。调研对象分布见表4-2，共涉及167家银行，其中20家为省级分行或法人机构，另外147家则为上述省级分行下属的一级支行。从分行的性质来看，包括1家政策性银行、5家国有大型商业银行、13家股份制商业银行、1家地方性商业银行。其中，5家国有大型银行分别为中国建设银行、中国工商银行、中国农业银行、中国邮政储蓄银行和中国银行，13 家股份制银行则包括了光大银行、中信银行、广发银行、湖北银行、浦发银行等。

表 4－2　　调查对象分布　　单位：家

机构性质	政策性银行（PB）	国有大型商业银行（SOB）	股份制商业银行（SSB）	地方性商业银行（LCB）
分行数量	1	5	13	1
支行数量	12	67	61	8

小微企业融资难的核心问题是信息不对称，缓解小微企业融资难可以从供方和需方分别着手。近年来，银行业一方面试图通过机制建设有效地识别风险、控制风险、提高资源配置效率；另一方面也非常注重信息建设，包括行业内部与行业外部、财务信息与非财务信息搜集。基于此，本次调研的总目标在于了解各级金融机构。（1）银行内部的机制建设。旨在改进小微企业金融服务的“六项”机制建设，即是否在机构内部建立了利率的风险定价机制、独立核算机制、高效的贷款审批机制、激励约束机制、专业化的人员培训机制、违约信息通报机制，为小微企业信贷业务的专门化、精细化创造内部的制度环境条件。（2）信贷决策的信息。在小微企业业务中的新思路、新方法，是否在系统、开放的思维导向下，与社会各界建立了广泛的、稳定的协作关系，以化解银企之间的信息不对称难题。（3）金融产品与借贷技术的创新。即是否在了解企业经营规律和实际需求的基础上，针对性地推出新的金融产品，改进了现有的信息与借贷技术。（4）商业可持续的小微企业信贷支持是否是可行的。小微企业支持政策的落实情况及其效果，即近两年对小微企业的支持是否有了实质性的改进，并且也提高了银行效率，降低了信贷风险。

行业结构见表 4－3，从各分行的规模来看，有 4 家分行人数在 500 人以下，分别为 1 家国有大型商业银行和 3 家股份制银行；5 家人数在 501～1000 人的银行均为股份制商业银行；1001～5000 人的有 7 家，5 家为股份制商业银行，政策性银行和地方性商业银行各 1 家；5001～10000 人和 10001 人以上的均为两家国有大型商业银行。总之，银行规模从大到小依次为国有大型商业银行、政策性银行和地方性商业银行、股份制商业银行。总体而言，截至2017年12月31日，湖北省对分行的统计显示，500人以下的小银行所占比例为20%，与湖北省小微企业的数量和经济贡献的比例相比，比例偏低，该种行业结构不利于小微企业融资与风险管理。从产权性质来看，股份制商业银行的比例为65%，经过多年的产权改革，服务于民营经济的产权结构已经得以建立。

表4-3　　分行规模与性质分布　　单位：家

机构规模	政策性银行（PB）	国有大型商业银行（SOB）	股份制商业银行（SSB）	地方性商业银行（LCB）	合计
500人以下	0	1	3	0	4
501～1000人	0	0	5	0	5
1001～5000人	1	0	5	1	7
5001～10000	0	2	0	0	2
10001人以上	0	2	0	0	2
合计	1	5	13	1	20

三、分行小微企业融资的制度安排

（一）外部制度安排

1. 外部强制性要求及财政支持。外部强制制度安排统计见表4-4。

表4-4　　外部强制制度安排统计　　单位：家

项目	政策性银行（PB）	国有大型商业银行（SOB）	股份制商业银行（SSB）	地方性商业银行（LCB）	合计
分行数量	1	5	13	1	20
1. 是否有强制制度要求					
有	1	4	10	1	16

续表

项目	政策性银行（PB）	国有大型商业银行（SOB）	股份制商业银行（SSB）	地方性商业银行（LCB）	合计
无	0	1	3	0	4
2. 是否有财政支持					
有	1	2	6	1	10
无	0	3	6	0	9
不回答	0	0	1	0	1

统计表明，在20家省级支行中，16家存在对小微企业支持的强制性制度安排；4家不存在强制性制度安排，分别是中国邮政储蓄银行、浦发银行、招商银行和交通银行。中国邮政储蓄银行属于国有大型商业银行，另外三家为股份制商业银行，体现不同所有制下的金融机构承担社会责任强制性方面的差异①。此外，虽然政策性银行与商业银行在社会经济中的职责分工存在差异，但是这两类银行均有支持小微企业的强制性制度要求。其政策依据为“商业银行开展小企业贷款应遵循自主经营、自负盈亏、自担风险和市场运作的原则，应以实现小企业贷款业务的商业性可持续发展为目标”，“政策性银行开展此项业务应遵循市场原则和有效控制风险原则，着重从资金和技术两个方面支持中小商业银行改善面向小企业的金融服务，贷款风险由具体参贷银行自负”。②

总之，存在强制性制度约束的银行家数达到80%，说明政府对小微企业支持政策有效传达至省级分行，足以体现政府对小企业的重视程度。

此外，20家分行中有10家明确表示有财政支持，比例为50%，9家明确回答不存在任何财政支持，1家未回答。10家受财政支持的银行中，5家银行享受贷款贴息，分属四种不同产权性质；中国邮政储蓄银行和4家股份制商业银行被允许坏账准备税前扣除。财政支持不足，风险自担，一定程度上会影响银行对小企业的金融服务的拓展。

① 实际的情况是中国邮政储蓄银行的小微企业客户比例最高，达80%以上，而中国银行、中国农业银行、民生银行等比例最低，在50%以下。

② 中国银行业监督管理委员会《银行开展小企业贷款业务指导意见》。

2. 制度安排的具体内容。

制度安排的具体内容为对小企业年度内的户数要求、贷款额度要求以及贷款额度增长率要求，这些要求既有绝对性的指标要求，也考虑了各机构的能力差异，要求机构对小企业的支持与历史比不下降，这在市场经济不佳的环境下对企业生存发展十分重要。户数要求的主要政策意义在于提高正式金融的覆盖面，对于融资机会的分配具有现实意义，体现了银行的社会公正义务履行；贷款额度要求则是要求银行提高对小企业的支持力度；而贷款额度增长率则考虑了机构不同时期的财力差异，是对贷款额度要求的补充，各机构可以依据自身的情况下达支持指标或标准。

表4-5统计显示，各分行在执行支持政策时存在选择性差异。8家支行存在较强的制度性约束，同时，存在对小企业支持的户数、贷款额度以及贷款额度增长率的要求，这8家银行中5家是国有大型商业银行、3家是股份制商业银行，其余的分行都选择了1项或2项制度安排。最后1行为存在该制度安排的银行家数，对小企业支持的额度要求、贷款额度增长率要求和户数要求，分别为14家及12家和9家，各家银行优先考虑的是贷款额度增长率和贷款额度，与银监会提出的“两个不低于”，即“银行业金融机构对小型微型企业贷款的增速不低于全部贷款平均增速，增量不低于上年同期水平”的政策方针形成呼应。

表4-5　外部制度安排内容统计

项目	户数要求	贷款额度要求	贷款额度增长率	家数合计
内容统计	√			1
		√		3
	√	√	√	8
		√	√	3
			√	1
合计	9	14	12	

注：“√”为存在该项制度安排，最后1行数据为包含该项制度安排的银行家数。

3. 如何保证强制性制度的贯彻执行？

在开放式问题“贵行具体的强制性制度约束是什么？”的回答中，我们了解到，为了完成银监会的任务指标，部分总行对分行、分行对支行采取的是任务分解，并将其纳入考核，辅之以相应的奖惩措施。体现为以下回答："总行给予分行小企业信贷专项额度，只能用于小企业放款""下达小企业专项信贷计划，明确额度增长下限，如没有完成则扣减信贷计划""总行对分行、分行对支行均下达了支持小微企业客户数、贷款投放增加额、贷款投放增长率考核计划，并纳入总行对分行、分行对支行的经营考核计划"。

（二）分行内部制度安排

1. 分行内部的机制建设。

基于银监会提出的六项机制和四单原则，我们调查了省级分行的内部制度安排，包括组织形式与制度约束。组织上设立专门的小企业信贷管理部门、专设小企业授信审批中心、小企业贷款业务的单独核算，这样的制度安排一方面可以从组织上确保业务效率，也便于考核小企业业务的真实效益；制度包括约束与激励，将小企业信贷发放纳入考评体系，形成强制性约束，相应的激励措施以及尽职免责条款则是激励与动员业务员加强对小企业的服务，形成软的约束。组织形式与制度约束应该相互协调一致，前者保证组织效率，后者促进个人行为。如果仅有前者，则行为缺乏动力，制度安排形同虚设；若仅有后者，则组织效率难以确保。

调查结果见表4-6，总体而言，针对组织个人的激励措施的制度安排强于组织形式的制度安排。19家对其人员进行了专门的小企业业务培训；16家存在上级强制性制度要求的分行都将小企业支持纳入机构考评范畴；15家制定了激励措施和尽职免责条款；分别有15家、14家专设了小企业信贷管理部和专门审批机构；只有4家采取了单独核算。可见，在奖惩措施方面的落实强于组织形式安排的落实，可能与两种安排的制度成本有关。核对银行属性，其中执行较好的有11家，分别是中国建设银行、中国工商银行、交通银行、民生银行、浦发银行、湖北银行、招商银行、华夏银行、中信银行、平安银行、光大银行，也即国有商业银行强于股份制商业银行。这样的制度结构与银行的市场定位有些不相匹配，与多层次的金融体系建设目标相背离，必然会影响到小微企业信贷业务的实际展开。此外，有些银行事前、事中与事后的安排不匹配，即虽然提出了目标要求却没有与之配套的考核与评价机制，使制度形同虚设。4 家在外部不存在强制性制度要求的银行，均在机构内部将小企业融资服务纳入员工绩效考评，体现了其自发的对小企业客户的重视。

表 4-6　　分行内部的制度安排

项目	专设部门（事前）	专门审批（事前）	单独核算（事中）	专门培训（事中）	纳入考评（事后）	激励措施（事后）	尽职免责（事后）	家数合计
内容统计	√	√	√	√	√	√	√	4
	√	√	×	√	√	√	√	7
	√	×	×	√	√	√	√	1
	√	√	×	√	√	×	√	1
	√	×	×	√	×	√	√	1
	×	×	×	×	√	√	√	1
	×	×	×	√	√	×	×	1
	√	√	×	√	×	×	×	1
	×	√	×	√	√	√	×	1
合计	15	14	4	19	16	15	15	—

注："√"为存在该项制度安排；"×"为不存在该项制度安排。

2. 支行的落实对比。

对于上述内容中的个人制度约束——考评、激励与尽职免责，我们也相应地调查了一级分行的制度安排，以此来印证分行一级是否落实，其统计结果见表 4-7。贯彻执行最彻底的是地方性商业银行，政策性银行虽然不存在总行的强制性的制度要求，但是分行还是建立了相关的激励与尽职免责制度，但在一级支行分别有 3 家和 1 家未贯彻；国有大型商业银行的分支行均将小企业信贷纳入考评，说明强制性的硬约束是存在的，但在激励和尽职免责软约束方面并未完全贯彻；股份制商业银行在三个方面均未全部贯彻落实，这是因为浦发银行、招商银行和交通银行不存在强制性外部制度安排。

进一步证明，虽然我们寄希望于市场化手段解决小微企业融资难，事实却是国有机构对于政府部门制度安排的响应程度最高，非国有或者国家力量相对较弱的部门更加具有趋利避害的理性人动机，也侧面反映了市场对于小微企业群体风险规避的特征。

表 4-7　　考评、激励与免责的落实情况

银行机构	考评	激励	免责
政策性银行	0/1（9/11）	1/1（8/11）	1/1（10/11）
国有大型商业银行	5/5（68/68）	3/5（67/68）	4/5（59/68）
股份制商业银行	12/13（59/61）	12/13（58/61）	11/13（57/61）
地方性商业银行	1/1（9/9）	1/1（9/9）	1/1（9/9）

注：括号外为分行的制度安排比例，括号内为支行的制度安排比例。

3. 已采取的小企业贷款优惠措施。

优惠政策可以归为以下三类：一是建设体系，意图是分散风险；二是条件放宽，以降低审批门槛；三是降低利率，放宽期限，减小企业还款压力。表 4-8 显示，广泛采用的是担保体系的参与，其次是条件放宽和利率优惠，在提高风险容忍率方面银行比较谨慎。

表 4-8　　对小微企业贷款的具体优惠措施

措施	家数	具体做法	是否具有商业可持续性
①提高不良贷款容忍率	7	最高不良贷款容忍率为建行的 3%	银行风险接受，单方让利
②调低利率最高上浮界限	10	优质优价，最优惠为基准利率；有些银行取消或限定上浮规定	价格优惠，单方让利，但可能降低风险
③放宽小企业信贷期限	9	中国建设银行与招商银行最长分别为 8 年、10 年	信贷风险增大，单方让利
④降低抵押要求	11	放宽抵押品种、扩大抵押倍数、对于信用好的企业可免抵押	单方让利，但可能降低违约风险
⑤构建或加入担保体系	14	与担保机构广泛合作、联保	可能的双赢
⑥其他	1	民生银行：总行与分行风险共担*	银行内部分担，单方让利

注：* 民生银行分行在 2012 年对小微企业不良贷款计提的准备金，由总行按照一定比例承担；对于小微企业贷款余额增长大于等于 5 亿元的分行，分行在小微企业不良贷款处置时计入当年损益的损失部分，由总行按照一定比例承担。

上述小微企业优惠政策中，①④⑥都属于银行内部对于风险的接受和吸纳，属于单方让利，该种优惠措施可能会扩大银行的信贷风险，不具有商业可持续性，使用的频数最小；②③以优惠的价格提供贷款或放款信贷期限，无疑是一种让利行为，延长期限会扩大未来的不确定性，但也会给小微企业带来喘息之机，降息也有利于减轻企业财务压力，因此，该措施的实施需要银行具有较强的风险管控能力，对企业的资信状况有充分的把握，是否具有商业可持续性依赖于具体的判断；⑤构建或加入担保体系，属于完善金融系统建设的举措，可能对银企双方都有利，是具有商业可持续性的支持措施。

（三）行业信息共享

小微企业贷款的核心问题是信息不对称所带来的逆向选择与道德风险，逆向选择使得金融资源错误地配置给信用不佳或财务风险较高的客户，带来很高的坏账风险；道德风险则是在金融资源配置以后，企业一方不履行偿还义务为银行带来损失的可能。现实中，存在许多消除信息不对称的工具，归结起来分为积极消除与消极防御两大策略。所谓积极消除，是主动搜集信息，依据企业的经济行为过程所产生的信息轨迹广泛地拓展企业之外的各种可能的信息来源渠道，判断企业主的诚信水平、财务状况、经营环境以及可能的变化。消极防御是为了避免日后的道德风险、经营风险等而采取的应对之策，如构建担保链、要求抵押物等。消极防御策略可以一定程度上抵御风险，但是也提高了融资门槛，降低了小企业信贷的可及性。因此，如果能够通过信息不对称的消除，识别有信誉、有市场、安全而又确有需要的企业，就可降低贷款风险，实现银企双赢。

要满足信息的广泛性、动态性和关联性，显然不是单一的金融机构信息源可以实现的，需要进行机构内部、行业内部、行业外部广泛的、稳定的协作关系。发改委、银保监会联合印发《关于深入开展“信易贷”支持中小微企业融资的通知》（以下简称《通知》），要求“依托全国信用信息共享平台，整合税务、市场监管、海关、司法以及水、电、气费、社保、住房公积金缴纳等领域的信用信息，‘自上而下’打通部门间的信息孤岛，降低银行信息收集成本。完善信用信息采集标准规范，健全自动采集和实时更新机制，确保信息归集的准确性、时效性和完整性。根据金融机构需求，持续扩大信用信息归集范围”。基于此，我们调查了以下方面。

1. 现有信息来源。

从其信息来源看，20 家分行中，有 7 家未回答，8 家银行企业信息来自行业内，银行系统内部、金融俱乐部或行业共享信息平台是各银行主要的信息来源；中国工商银行、招商银行等 3 家与工商税务、政府部门或者公安建立了稳定的信息合作关系，中国邮政储蓄银行、兴业银行则与信用评级机构建立了稳定的合作关系。总之，行业之外的信息还未充分利用，行业内部也未全部实现信息共享。

2. 金融俱乐部的参与。

金融俱乐部是湖北省银行业协会 2009 年推出的行业内信息交流平台，目前其主要的功能：一是业内信息共享；二是银企交流。对“活动参与与否?”20 家分行中 2 家未回答，浦发银行、湖北银行、中信银行 3 家银行未参与，15 家参与了该活动，前三年分别加入了 2 家、3 家、10 家，3 家未加入的原因是“因为成立时间较晚，尚不知情”，说明活动受到了业内的广泛关注与支持，并有较好的示范效应，从回答来看，各家银行都有行业信息共享的愿望。

但是从加入之后实际的活动参与来看并不理想，只有 8 家参与了具体活动，有 9 家对活动的实效性发表意见，也就是参与银行与发表意见银行不对应，有的活动银行参与了但未发表意见，也有的活动银行未参与却发表了意见，最可信的是该活动银行参与并且也发表了意见，三种情况统计结果见表 4 -9。依据活动参与次数从高到低排列，依次是信息共享平台、与企业直接沟通、优质企业/项目推介、违约通报及会员单位的企业信息共享、联合贷款；认为活动有实效从高到低分别是共享信息平台、会员单位的企业信息共享和与企业直接沟通、违约通报与优质企业/项目推介、联合贷款。总体来看，信息共享有需求也有实效，与企业直接沟通、违约通报有需求但实效不佳，金融俱乐部在共享信息平台方面效果要好于银企沟通方面。

表 4－9　　金融俱乐部各项活动的参与及评价

活动内容	参与 并认可	参与 未认可	认可 未参与
共享信息平台	4	2	5
会员单位的企业信息共享	1	2	5
违约通报	1	2	4
优质企业/项目推介	2	2	3
与企业直接沟通	2	3	4
联合贷款	1	0	2

3. 活动参与对企业有何好处？

为了加强银企沟通，俱乐部要求各会员单位向俱乐部推荐会员企业，并对信用等级较高的会员企业实行优惠信贷政策，包括对 AA 级以上会员企业原则上不上浮利率，不要求提供抵押、保证；对 A 级会员企业利率上浮原则上不超过 10%；根据实际情况提供抵押担保的，总担保费率不超过同行业平均水平以及优先配置信贷规模。具体统计结果见表 4－10，有 12 家银行给出了具体推荐企业数，多数是 11～100 家，交通银行、华夏银行推荐入会的企业分别为 226 家和 506 家，这两家银行的小微企业客户比例为 50%～80%。对会员企业的优惠措施主要集中于保费率的优惠，其次是利率优惠。15 家回答问题的银行有 13 家都采取了保费优惠，此外，4 家采取了利率上浮界限规定，其中 3 家同时采取了上述两种优惠。3 家采取了优先审批，只有 1 家“对 AA 级以上会员企业，利率原则上不上浮，不要求提供抵押、保证”。可见，银行对会员企业的主要优惠在于降低企业融资的成本费用，在扩大风险容忍方面银行还是比较谨慎的。

表 4－10　　推荐入会企业数

推荐企业数	1～10 家	11～30 家	31～100 家	>200 家
银行家数	2	5	3	2

4. 活动参与对银行有何好处？

理论上，参与行业信息共享平台，有益于消除银企双方的信息不对称，减少事前的调查成本和事后的道德风险。实际情况是，20 家银行中，11 家认为加入该活动有益于降低成本，4 家认为对成本无影响，5 家拒绝回答；9 家认为有利于控制风险，4 家认为对风险控制无效，7 家未回答；8 家认为既有利于降低成本也有益于控制风险，2 家认为两方面均无效，5 家对两个问题都拒绝回答。总体而言，参与金融俱乐部有益于银企双方减低成本以及银行的风险控制。

（四）金融服务与产品创新

在金融产品创新上，《通知》指出，“鼓励金融机构以提升风险管理能力为立足点，减少对抵质押担保的过度依赖，逐步提高中小微企业贷款中信用贷款的占比”。大部分银行近年来都推出了许多新产品，20 家银行均对产品类别进行了回答，各银行金融产品种类统计见表 4－11。

表 4－11　　各银行金融产品种类

项目	信用贷款	担保贷款	贸易融资	贴现	保理	票据贴现	财务咨询	融资业务	品种	合计
内容统计	√	√	√	√	√	√	√	√	8	7
	√	√	√	√	√	√	√		7	1
	√	√	√	√	√	√	√	√	7	1
	√	√	√	√	√	√			6	1
	√	√		√	√			√	5	1
	√	√				√			3	1
		√		√					2	2
		√	√	√	√	√	√	√	7	2
		√	√	√		√			4	1
	√			√					2	1
		√	√	√	√	√		√	6	1
		√	√	√	√	√			5	1
合计	13	19	15	19	15	16	10	12		—

注：“√”表示存在该项金融产品。

16 家银行推出了 5 种以上针对小微企业的金融产品。在全部的金融产品中，担保贷款和贴现是最常见的金融产品；其次是票据贴现、贸易融资与保理；再次是信用贷款、融资业务与财务咨询，其中财务咨询只有一半银行提供，金融服务的深度拓展有待加强。

在已有的产品中，我们也对近两年推出的产品进行了统计，6 家银行近两年推出了保理，4 家银行推出贸易融资、票据承兑和财务咨询，3 家银行推出了无担保的信用贷款。多家银行推出了自己的特色产品，如华夏银行的“小企业信用增值贷”“小企业宽限期还本付息贷”，中国邮政储蓄银行的“接力贷”，浦发银行的“易贷多”，中国银行推出供应链融资、订单融资等，除此之外拓宽应收账款质押、存货抵押、银行/商业承兑汇票质押贷款等抵质押范围，招商银行则建立了全面的免抵押产品体系，如供销流量贷、POS 流量贷、担保贷、联保贷、银行承兑汇票质押贷、市场贷、配套贷、AUM 信用贷等贷款产品，似乎股份制商业银行更具创新性。

（五）实施效果

为了验证“两个不低于”的实施效果，我们调查了户数、额度、交易次数的同比变化，除了一家在三项上均略有下降，其他各家均全面增长，见表 4 – 12，交易次数、客户数量与额度的平均增长率分别为 135%、110% 和 94%，交易次数的增长更为明显，由标准差看出各银行之间存在较大差异。

表 4 – 12　分行小微企业信贷的增长

指标	分行数	最小值	最大值	均值	标准差
交易增长率	15	–1.30%	791%	135%	227.25%
客户增长率	17	–1.20%	627%	110%	177.78%
额度增长率	17	–1.50%	529%	94%	144.39%

为了了解其效果，我们调查了小微企业业务的违约率、净收益与单笔固定费用。图 4 – 3 显示，与上年同期的小微企业业务相比，15 家银行的违约率持平或下降，5 家违约率上升；3 家银行净收益下降，16 家持平或提高；单笔交易费用有 2 家增加，17 家持平或降低。总而言之，大多数银行的小微企业业务效率和效益均得到提高，风险下降。

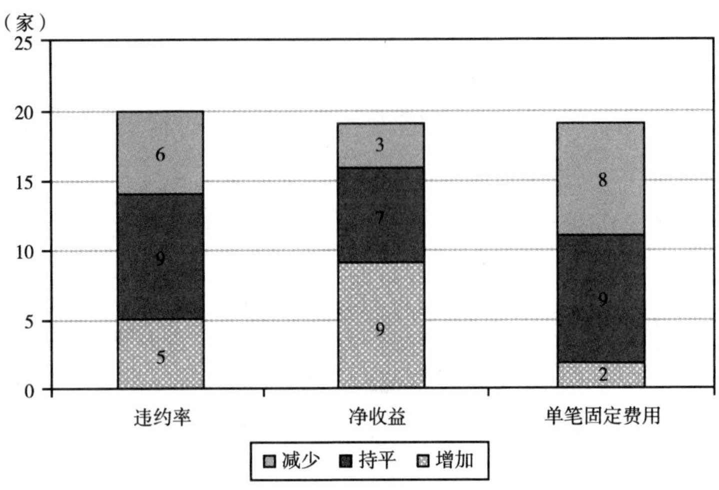

图 4－3 小微企业信贷业务的效果示意

为了进一步了解每家银行效率、效益、风险的组合关系，我们做了交叉分析。净收益—风险的最佳匹配是“净收益提高—风险下降”，最不理想的匹配是“净收益下降—风险提高”，交叉统计结果见表 4－13，多数银行持平，6 家银行净收益增加（持平）的同时风险下降，4 家银行净收益下降（持平）的同时风险提高。净收益—单笔固定交易费用体现了信贷效率与效益，大部分银行单笔固定费用下降的同时净收益增加（持平），效率与效益同步提高。

表 4－13　　净收益、违约率、单笔固定费用交叉分析

净收益	违约率		
	增加	持平	减少
增加	1（难以确定）	1（不理想）	3（最不理想）
持平	4（一般）	4（一般）	—
减少	4（最理想）	2（理想）	0
单笔固定费用	净收益		
	增加	持平	减少
增加	1	1（不理想）	0（最不理想）
持平	4（理想）	3	2
减少	4（最理想）	3	1

四、支行层次风险认知与风险管理

（一）风险要素与风险等级

首先来看风险要素总体判断。如图 4 –4 所示，从选择频次看，总体上，小微企业信贷风险从大到小的排序依次为：债务人的道德风险 > 抵押物的变现风险 > 担保变化风险以及经营风险在内的其他风险。在全部的选项中，选择频数最高的是债务人的道德风险，147 家支行中有 122 家选择了该项，比例为 83.00%；其次是抵押物的变现风险，有 105 家选择，比例为 71.43%；再次是担保变化风险，有 89 家选择，比例为 60.54%；最后有 34 家银行选择了经营风险在内的其他风险。可见，事后的风险中"人"的品质风险是最突出的，其次才是"物"的风险，表明了普遍存在的债务人诚信危机。

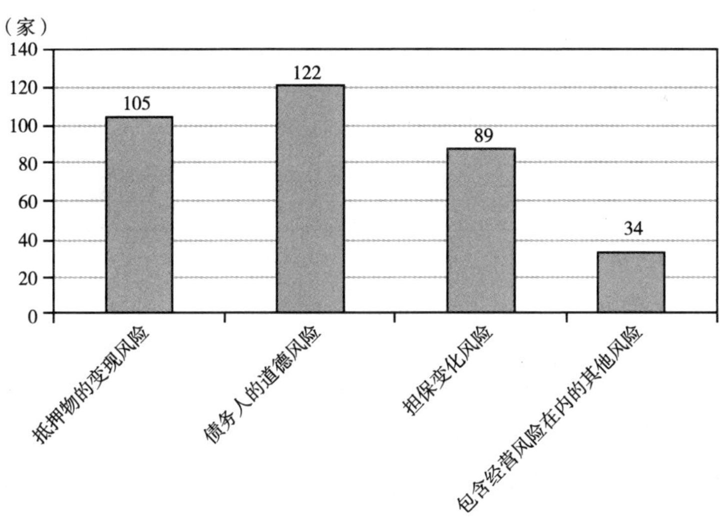

图 4 –4　小微企业信贷的首要风险选择结果

其次来看风险决策。风险要素重要性为：第一还款源 > 第二还款源。一旦风险发生，可能给银行带来实际的损失，为了安全起见，大部分的银行都会停止贷款的发放，情况严重时还要查封企业资产，其结果可能使企业不得不破产清算，但由于广泛存在的诚信问题和法律环境不完善，这时留给银行的可变现资产已经大大缩水，为了降低损失，银行可能对于诚信较好的客户选择信用展期，这就意味着进一步的风险决策。银行是如何筛选有还款可能的客户呢？我们给出了正常经营、按期付息、财政政策贴息、有可靠担保四个选项，目的在于查看银行是看重企业自身风险（即第一还款源）、事后的担保所提供的保险（即第二还款源），还是外部支持。图 4 -5 是银行对信用展期条件选择的统计结果，银行最看重的是企业自身的经营发展是否正常，其次是有担保提供事后的保险，外部支持——财政贴息最不重要。这种风险决策顺序的合理性在于，事后提供的担保存在担保变化风险、市值变现风险以及执行成本等，不是银行再次决策的首选。

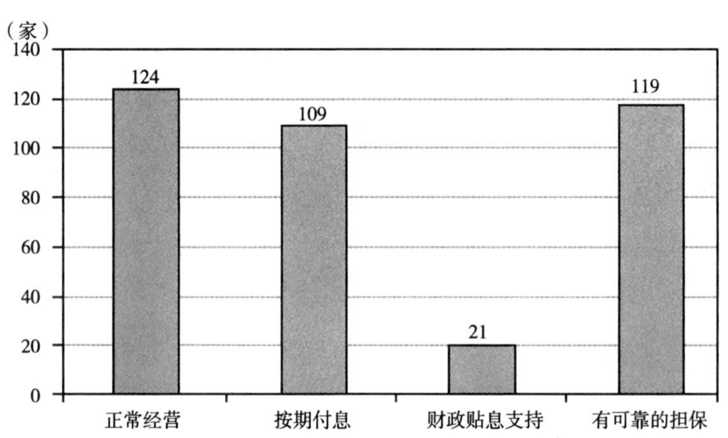

图 4 -5 信用展期的要素选择结果

关于小微企业信贷风险管理我们分别调查了贷款的事前、事中、事后以及违约发生后的风险管理，从理论上来讲，风险管理的重心越靠前越好，越往后银行就越被动，成本和损失也越大。关于事前风险管理，我们了解了风险管理标准，有 71 家银行采用的是 5 级分类法，74 家采用的是 12 级分类法，另有 2 家采用的是 13 级分类法。超过 50% 的银行采用的是更加细化的风险等级划分。

（二）机构视角的信息供需状况

1. 信息内容与获取方式。

信息内容围绕第一与第二还款源。企业调查内容是企业的经营情况、抵押物的存在性，调研涉及的机构包括担保机构、评估机构以及中国人民银行征信系统（以下简称“人行征信系统”），内容是保证人的情况、抵押物的价值变动以及人行征信系统的信用记录，银行会依据调查结果调整信贷计划。

信息获取方式以一手调研为主。关于事中的风险控制我们调查了对担保变化的追踪。采用的是开放式问题“贵行如何对担保的变化进行跟踪”，有95家银行对此做出了回答。通过整理发现，风险控制方式采用企业实地调查为主、相关部门调研为辅，企业调查获取的是第一手信息，调研获取的虽然是第二手信息，但是如果来源渠道是政府部门等，其信息质量也是有保证的。

2. 财务信息的供给与质量。

财务信息在信贷决策中的主要作用在于消除银企双方的信息不对称，减少事前的逆向选择风险，把风险控制在业务发生的早期阶段，如果银行能够依据规范的、可信的财务报表进行信贷决策，就可以起到降低信贷风险和减少信贷成本的双重作用，但现实是大量的小微企业财务制度不健全，无法提供规范的财务报表，风险的降低就只能够借助于担保，担保条件是影响小微企业信贷范围的主要原因。76家银行对小微企业发放贷款时要求对方提供较为规范的财务报表，72家银行不要求或未对全部企业提出要求，也就是大约50%的银行要求企业有规范的财务报表才可以发放贷款。银行对财务报表的规范性是如何评价的呢？如表4－14所示，143家银行估计了可以提供规范财务报表的企业比例，其中52家银行认为80%以上企业可以提供规范的财务报表，占全部应答银行的比例为36.36%，累计有75家银行认为50%以上企业可以提供规范报表，占全部银行的比例为52.44%，70%以上银行认为30%以上企业可以提供规范财务报表。也就是大约50%的银行认为50%的企业可以提供财务报表并且财务报表是规范的，与前面大约50%的银行要求企业提供规范财务报表相呼应。

表 4－14　　　　财务信息的供给

估计可提供规范财务报表的小微客户比例	频数	累计	比例（%）	累计（%）
80%以上	52	52	36.36	36.36
50%～80%	23	75	16.08	52.44
30%～50%	30	105	20.98	73.42
10%～30%	25	130	17.48	90.90
10%以下	13	143	9.09	100
合计	143	—	100	—

那么，银行认为财务报表的可信赖程度如何呢？对此有 11 家银行未回应，136 家银行均给出了估计的比例数，其描述性统计如下，平均有 57%的财务报表质量是可信的，大约 50%的银行认为 50%的财务报表的质量是可信的，与规范性评价的一致性较好。

3. 非财务信息的需求与供给。

关于非财务信息，我们设计了法人代表和主要负责人的个人财产、信用记录、社会关系、投资关系、违规违法记录、其他六个选项，要求银行回答：（1）哪些非财务信息是最常用到的信息；（2）哪些是最难得到的信息。

根据图 4－6 的统计结果，在信贷决策中多种信息并存，依据单项统计，最常用到的信息是法人代表和主要投资人的信用记录、个人财产以及投资关

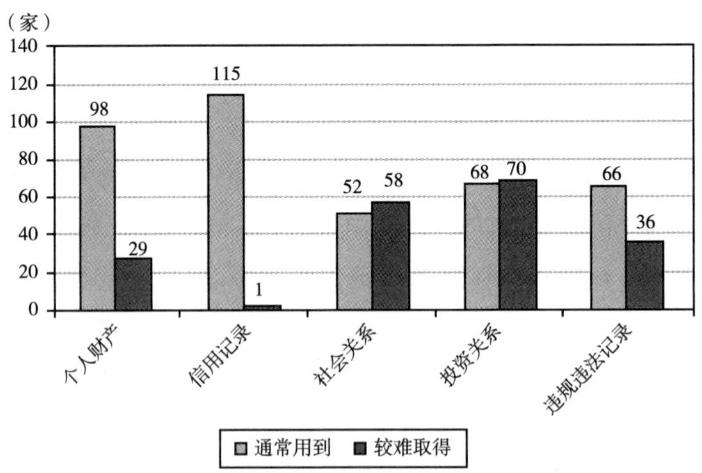

图 4－6　非财务信息的运用与需求

系，分别有 115 家、98 家、68 家银行选了该项；其次是个人的违规违法记录以及社会关系，选择者分别为 66 家、52 家；较难取得的是法人代表和主要投资人的个人投资关系、社会关系等，分别有 70 家和 58 家认可，这些信息非常有用但是又十分分散和隐蔽，制约了信贷决策；违规违法记录和个人财产由于来源的部门相对集中，其获取的难度低于前者；经常用到且最易获取的是来自行业内部的信用记录，仅有 1 家银行表示难以取得。

4. 纳入银行数据库的信息。

表 4－15 统计了银行数据系统信息的完备性。数据显示，有 91 家银行的贷款数据系统包含了从贷款业务发生到业务完成的全部完备的信息，所占比例为 61.90%；有 17 家银行存在 1 项缺失，存在 1 项以下缺失的比例为 73.47%；23 家银行存在 2 项缺失，存在 2 项以下缺失的比例为 89.11%；有 14 家银行数据信息系统存在 3 项以上缺失，所占比例为 10.89%。最后一行显示了各项信息在银行的分布，其中缺失较多的信息是小企业贷款申请，其次是担保变化情况，再次是企业风险级别和余额，说明有些银行存在贷款用途事前监督不足，有些银行对风险的跟踪监督不到位。

表 4－15　银行数据系统信息的完备性

项目	贷款申请	贷款用途	偿还记录	授信类别	担保变化	风险级别	贷款余额	家数	注释
内容统计	√	√	√	√	√	√	√	91	缺 0
	√	√	(√)	(√)	(√)	(√)	(√)	17	缺 1
	(√)	(√)	(√)	(√)	(√)	(√)	(√)	23	缺 2
	(√)	(√)	(√)	(√)	(√)	(√)	(√)	14	缺≥3
合计	112	132	138	145	127	131	130	—	

（三）信贷信息的决策价值

为了揭示银行的信贷决策理念，我们依据常用信息，提供了 9 个选项，要求各银行对其重要性进行评分，试图识别银行决策的理性程度以及各种因素的信贷决策价值。长期以来，学术界将小企业信贷归结为财务报表基础、信用评分基础、资产基础、关系型贷款四种基本类型，并一致认为我国的小企业信贷属于关系型信贷，我们的选项对以上信息均有涉及，以此，我们可以判断银行对小企业客户的决策理性程度，以及各因素的决策价值。

图4－7直观地列示了各项重要性得分的次序，我们将其分为高、中、低三个级次，其中重要性高的有三项，依次为“企业一直以来有稳定的现金流”“符合产业政策或属于重点扶持产业”“无恶意信贷记录”；重要性为中等的三个依次是“有可靠抵押物”“有订单”“有明显的市场潜力”；重要性程度较低的三项为“有可靠保证人”“客户信用评级高”“3年以上关系客户”。由此，可以认为湖北省对小企业贷款兼有“财务报表基础”“资产基础”特征，“关系型贷款”并不显著，可见，银行首要的决策因素是第一还款源——现金流，其次是第二还款源——担保，风险信号在决策中也有突出的警示作用。

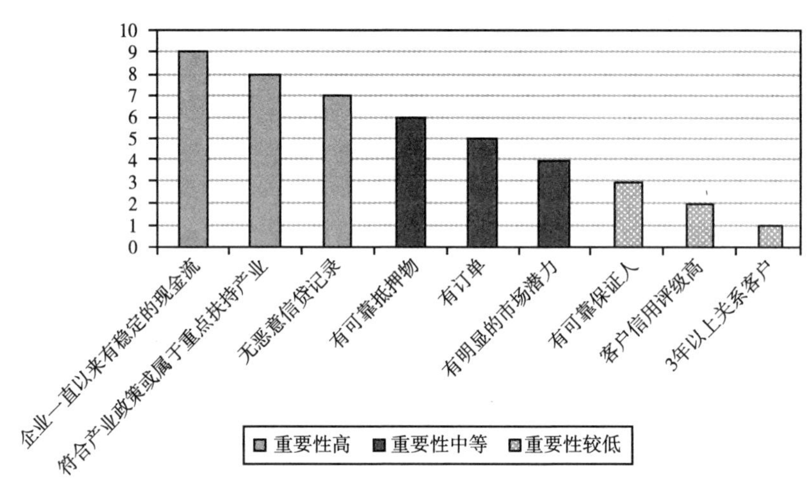

图4－7　决策要素的重要性排序

此外，依据决策要素的相似性归类，分为产业属性类、企业状况类和企业信用类。企业所在行业属于产业属性类，是一项非常重要的决策依据，通常是银行决策首先要考虑的，体现出大多数银行是看重企业的经济环境风险，决策思维是开放的。“以往稳定现金流”“有订单”“有市场潜力”则代表了企业状况类，分别反映了企业的过去、现在和未来，这三项的重要性评分依次降低，说明银行决策是十分谨慎的，历史信息和现实信息确定性较高，其决策价值也高；未来信息不确定性高，决策价值较低，不利于有潜力的企业发展。虽然通常认为企业信用非常重要，企业是否存在不诚信的记录的重要性位列第三，但“信用评级”被认为最不重要，可能的原因是虽然银行很看重企业的事后道德风险，但目前的信用评级由于缺乏统一标准和可靠的质量品质，没有决策的实际意义。总之，我们可以明确地判断，银行对于小企业客户的决策是理性的、谨慎的，体现了银行强烈的风险意识以及国家产业政策的积极干预。

（四）客户关系的建立、维护与评价

银企关系的建立可以反映小微企业取得银行借贷的路径，反映对社会关系的依赖程度，如果大部分企业必须通过私人关系才可以取得银行借款，就说明金融资源的配置不是依据市场规则自发配置，可能会影响资源配置效率。

图 4 - 8 是对客户关系建立途径的统计结果，银企关系的建立多种方式并存，即企业自荐、行业协会推荐、私人关系介绍以及政府部门推荐，说明靠关系拉贷款并非主流。

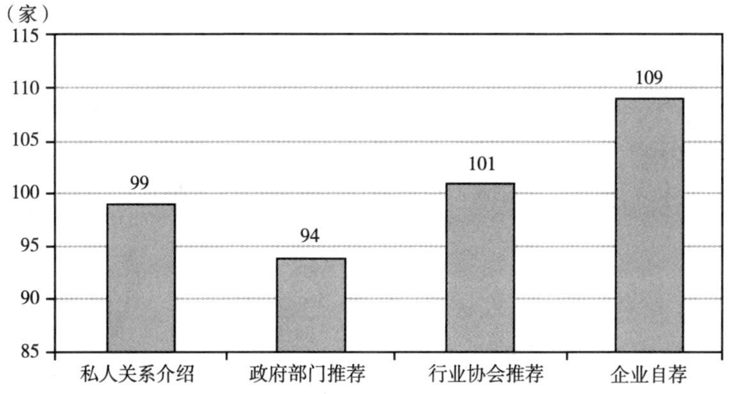

图 4 - 8　客户关系的建立途径

图4－9是对优质客户的优惠措施统计结果。对于优质客户关系的维护，体现在以下方面的优惠：给予更多额度、更长期限、优惠利率、放宽条件，并且往往多重优惠并存，优惠措施使用的频繁程度依次是利率优惠、额度优惠、条件与期限放宽。

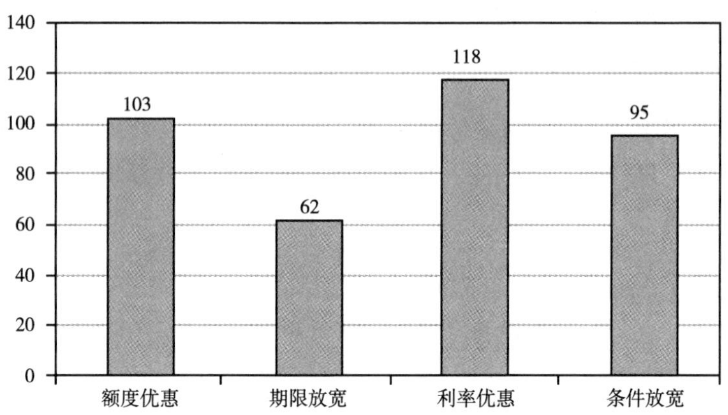

图4－9　各项优惠措施的使用频率

与此相关的另一个问题"什么是高质量的客户?"体现了金融资源配置的优先序，要求银行在所给选项中选出前三项最为重要的判断标准，该问题可以反映银行的实际决策依据。我们给出大企业、经营年限长、属国家重点支持产业、有规范可靠的财务报表、信用评级高、市场前景好六个备选项。由图4－10的统计结果可知，金融资源的配置首先考虑的是国家的产业政策

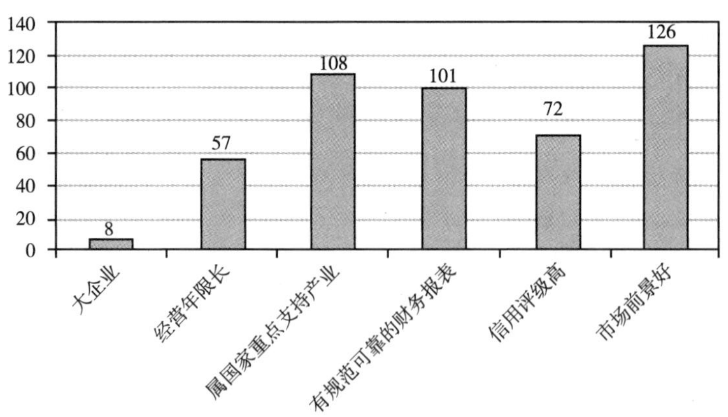

图4－10　高质量客户的认知

导向以及由此所带来的市场前景；其次是财务报表规范可靠、信用评级高，信息不对称程度弱，风险小；大企业和经营年限长并不是判断是否优质企业的首要标志。

（五）风险管理与业务增长

表 4－16 是对小微企业信贷业务成长性的统计。总体来看，与上年同期相比，各家银行的小微企业客户数量、放贷次数以及放贷额度均有增长，除了 8 家银行在三项指标上均有下降，绝大部分的银行都是增长的，平均增长比例分别为 81.09%、82.59%、86.01%，各项增长比较均衡，均低于分行均值，且各家银行增长率极其不平衡，这是由于虽然大部分银行三项指标的增长率在 50%以内，大约 20～30 家银行的增长率超过了 100%，增长倍数很高。

表 4－16　支行小微企业信贷增长　单位:%

指标	最小值	最大值	均值	标准差
交易增加比例	－50	800	82.59	146.650
客户增加比例	－27	1150	81.09	154.411
交易额度增加比例	－40	945	86.01	163.613

我们也对前述的各个可能影响小微企业业务增长的因素逐个进行了分析。表 4－17 列出了存在显著影响的因素，对于考评、激励与尽职免责三项制度安排的分析结论是，是否纳入考评、是否有相应激励措施对小微企业业务的增长不存在影响，但是，是否存在尽职免责条款有着显著的影响。存在尽职免责条款的银行，其小微企业业务的三项指标均高于不存在尽职免责条款的银行；出乎意料的是，依据风险分类标准检验的结果，采用 12 级以上分类标准的银行其小微企业业务的增长显然低于采用 5 级分类的银行，说明风险管理越细，对小微企业的业务越谨慎；此外，信息的完备性也对小微企业业务增长有影响，包含了选项所列的全部信息的银行，其小微企业业务三方面增长显著高于信息不完备的银行。在三个被影响的因素中，最显著的是客户数

量，其次是交易次数和交易额度。

表 4－17　　对小微企业信贷业务影响具有统计显著性的措施　　单位：%

指标	尽职免责		风险分类		信息完备	
	有	无	5 级	>12 级	否	是
交易次数增长率	21.18*	89.58*	114.59**	52.85**	48.48**	101.76**
客户数量增长率	25.06	87.47	120.16***	44.77***	48.32*	99.528*
交易额度增长率	14.41*	94.16*	126.80***	48.09***	48.77*	106.13*

注：*、**、*** 分别表示在 10%、5%、1% 水平上显著。

综上可见，信息完备和合理问责有利于业务展开，风险管理的精细化对业务增长却有反向作用。

五、本章研究结论

1. 对小微企业的支持一定程度上得到落实。从制度安排来看，各级分行和支行严格遵循产业政策指导分配金融资源，对小微企业支持政策的落实主要体现为将各项支持性的指标作为考核内容下放到下级机构或部门，并且总体来看，大部分银行都确实提高了对小微企业的信贷发放，六项机制得到了部分落实，“四单原则”落实情况较差，此外，财政方面未提供足够的支持。结合银行属性，国有商业银行和地方性商业银行制度安排落实情况好于股份制商业银行，实际支持效果也是前者好于后者。

2. 金融创新工具不断涌现，实现了银企双赢。各家银行不断探索新的适用于小微企业的金融工具和借贷方式，积极构建或参与担保体系建设，并通过扩大押品范围，提供优惠的贷款利率以支持小微企业发展，股份制商业银行在金融产品创新方面做得更多。总体来看，在提高对小微企业支持力度的同时，大部分银行的风险都有效地得到控制，效率得到提高。

3. 业内建立了比较完备的信息系统。除了各银行有着完备的信息，行业内部也存在较好的信息共享，在降低风险和成本方面确有实效。但是，从整个社会来看，还需要与行业外部加强合作与交流，尤其是与工商、司法等部门的合作，对于了解企业主的个人财产、投资活动，有效监控其财产及其变动是十分必要的。

4. 银企双方目前还缺乏较为有效的沟通渠道。虽然银行业认可有市场的企业是优质企业，但是在信贷发放时还是以现金流和担保为主要决策依据，企业一方只有50%的企业可以提供可信赖的财务报表，由于经济法律环境所限，银行一方对于企业负责人隐匿和转移财产的行为较为无奈。

5. 银行的信贷决策从总体看还是比较谨慎和保守的。一方面，体现了银行的风险意识强；另一方面，体现了银行对客户关系的建立主动性不足，信贷发放主要是依据历史信息和担保抵押物，未来不确定性信息的决策价值较低，不利于企业创立和创新。

6. 信用环境有待改善。体现为信用评级和风险分散体系仍然不够健全，信用评价缺乏统一规范的标准，几乎没有决策价值，风险控制主要依赖于机构内部和行业内部，没有较为完善的中介体系。

第五章　信贷信息特征与信息不对称

——基于信贷员的问卷调研

小微企业借贷双方信息不对称是业界共识，信息不对称的确切内涵是什么呢？第三章风险提示报告书文本分析揭示了小微企业信贷风险的原因具有综合性、多元化、差异性等特征。信贷风险发生最为常见的起因是经营环境恶化为企业经营带来的风险，此外，家庭和个人原因仅次于企业经营，是在小微企业信贷风险控制中密切关注的风险点，民间借贷带来的隐性风险也较为常见。此外，契约复杂性、地区经济环境等也隐含了贷款方式的风险差异：复杂的担保关系为信贷风险的控制带来技术上的难题，而当地经济发达程度、市场体系的完善程度也对抵押物变现带来很多障碍。鉴于信贷风险的复杂多样性，通常意义的信息不对称的真实内涵是什么？是信息无法取得、信息品质无法保证，还是信息缺乏可比性而决策价值不大？在小微企业中具体体现为哪些信息不对称程度更为严重？什么才是小微企业信贷风险控制中有价值的信息？

本章旨在深入揭示小微企业信贷中信息不对称的具体形态，了解风险控制的重难点。具体安排如下：首先，信息供需分析。基于所取得的风险管理的档案资料，对小微企业信贷风险控制所要求的信息进行归类整理，结合文献资料与实地调研，罗列信息在社会中的分布——可能的信息供给。其次，信息特性分析。在对小微企业信贷信息风险特征进行一般化的归纳总结的基础上，构造小微企业信贷信息的关键信息特征——相关性、可验证性、易得性。再次，针对这些信息特征获取信贷员对各项信息特征的评价得分，并注明信息的来源渠道。最后，依据信贷员的评价结果，确定小微企业信贷信息控制的重点和难点，以及不同贷款方式下的重点关切。

一、小微企业信贷风险控制供需分析
——基于档案资料的整理

（一）信贷信息需求

基于对贷款发放前的信贷合同、发放后的信贷风险控制以及贷后风险跟踪报告的档案整理，得到信息需求。贷前的信贷合同对信息的要求主要在于借贷双方的沟通，在明确各自权利和义务的基础上，使借款人理解作为债权人的银行的主要关切以及借款人的告知义务，信息的功能在于防范贷前信息不对称风险，是信贷资金配置的决策依据。贷后的信贷管理文件主要在于提示信贷员应当跟踪关注的风险信号，关注风险的发生以及可能的演变，以便及时采取措施防止风险扩大，信息的功能在于及时发现和纠正风险，确保已经配置的资金使用效率；风险报告书归集的信息有着类似的功能，主要是对已经显现的风险的描述，相关性、动态性和时效性是这一阶段的信息特征，其主要意图在于依据风险状况，计划进一步采取的措施。在不同阶段需要的信息见表5－1，依据风险管理文件的综合分类，依次分为企业或个人基本信息、企业经营信息、信用信息、财务信息、产业链信息、公共信息以及与第二还款源相关的押品以及保证信息、行业与环境信息。

表5－1　基于档案的信息需求一览

类别	贷款合同归集或跟踪的信息	风险日常管理要求归集的信息	贷后风险报告书中的信息
企业/个人基本信息、投资与被投资	基本信息；基本信息的变更；股东、董事或关键管理人员涉嫌重大案件或者经济纠纷；关联方关系与关联交易。产权变更的相关信息（歇业、解散、清算、停业整顿），重大的资产、债权变更，重大投资	企业注册信息、沿革，实际控制人姓名、身份证号码、住址、既往个人资产负债记录、既往个人生产经营记录、个人征信信息等。业主的从业经验与个人爱好、股权变更、信用记录	最新基本信息；家庭或个人的重大变故；民间借贷情况；投资或被投资关系

续表

类别	贷款合同归集或跟踪的信息	风险日常管理要求归集的信息	贷后风险报告书中的信息
企业经营信息	款项实际用途、业务流水、利润分配；是否拖欠税款、工资、水电费	历史沿革、产业竞争力、主要能耗增减、纳税能力变化	最新经营状况、关联企业经营状况
企业信用信息	信用记录是否良好，其他义务的履行影响到本契约义务	银行信用记录信息、应收款信息、应付款信息、网上交易中的延迟收付款信息、企业往来信用交易信息	企业信用行为的不利影响
企业财务状况	所有开户行、银行账号、存款余额；制定专门资金回笼、监督账户的资金流入和流出。真实、准确、完整的财务资料，反映借款人偿债能力的其他资料	现金流、债务水平、对外担保、或有负债，房产信息、主要设备信息、存货信息、企业商标、专利以及专有技术等无形资产信息	公司及关联公司债务情况，对外担保； 已有风险处置办法及对偿债能力的影响
产业链信息	主要产业链关系	主要原料采购企业、产品主要销售企业、主要供应商等关系变化	主要客户或主要供应商对偿债的影响
公共信息	经营过程是否有违规、违纪行为，诉讼、仲裁、索赔事件	包括资产质押（抵押）、法院判决、诉讼等负面信息，与食品、卫生、药品等特殊行业的行业准入信息，水、电、煤气（天然气）等市政公用设施使用信息	经营过程是否有违规、违纪行为，诉讼、仲裁、索赔事件已经或可能带来的不利影响
抵质押相关信息	抵押物是否通用、易于拆分，市场活跃度，对资产预期价值过于乐观、发生受损、贬值、产权纠纷、被查封或扣押、对借款人的重要性	质押物权属、变现性、保值性、复杂性、存在权属争议，与银行分歧较大、后续抵押不能办理、抵押品被占有方不合理使用、无法控制抵押品和质押权、物理性状、市价波动	对抵押无风险的再评估： 抵押物的处置情况或预期的风险覆盖
保证相关信息	担保机构背景、管理层状况、经营情况、财务状况；保证人财务状况发生不利变化	担保机构背景、管理层状况、经营情况、财务状况；配合度；违约相依性；业务集中度，同业合作情况，在保责任余额、保证金、同业存款等	保证人与借款人的经济关系或社会关系、责任的承担； 对担保的再评估：各保证人的经营情况、代偿情况、偿债能力、预计损失

续表

类别	贷款合同归集或跟踪的信息	风险日常管理要求归集的信息	贷后风险报告书中的信息
行业与环境信息	行业的特点、周期与发展阶段、客户行业地位、成本与盈利性、竞争情况、行业政策	信用环境、GDP 增长、货币政策、利率和汇率水平、贸易环境、物价、税收、失业、通货膨胀、外汇政策等其他管制因素	行业经济形势对企业偿债能力影响的判断

资料来源：①湖北省襄阳市三家银行 22 份贷款合同；②××市中心支行风险管理文件；③某银行 2011 ~2017 年风险提示报告书。

（二）信贷信息的供给

由于信贷风险的来源非常广泛，信贷风险控制要解决信息不对称问题首先需要弄清楚可能的信息来源，依据信息的产生，可以将风险相关信息分为自然生成的信息和专门采集的信息。自然生成的信息是指行为主体在日常的经济活动或社会活动中自然生成的信息，每一个事件的当事人都是信息的宿主，包括企业日常经营活动中的上下游企业交易信息、投融资业务生成的信息以及业主及主要管理者个人的经济行为信息；专门的信用信息平台则是信用管理机构专门搜集的信用信息档案，目前使用比较广泛的是中国人民银行的征信系统，此外还有国内有些地方政府支持下的信用信息查询平台、政企合作下的付费信息平台（吴杰，2019）。

其优点在于打破部门信息壁垒，为小微企业立体画像，其信息具有综合性的特点，信息的广度、时效性取决于合作范围的广度和深度。不同来源信息如表 5 -2 所示。

表 5 -2　　信贷信息来源一览

信息类型	自然的信息宿主					专门的信用信息平台		
	客户	银行系统	部门信息	公共管理	交易平台	市场化 App	地方信息共享	人行征信系统
企业/个人基本信息	√	√	√			√	√	
个人经济行为信息	√	√		√		√		
企业经营信息	√				√	√		

续表

信息类型	自然的信息宿主					专门的信用信息平台		
	客户	银行系统	部门信息	公共管理	交易平台	市场化App	地方信息共享	人行征信系统
企业信用信息	√	√	√		√	√	√	√
企业财务信息	√				√	√	√	
企业关联信息	√		√		√	√	√	
公共信息			√	√	√	√	√	√
抵质押相关信息	√		√	√		√		
保证相关信息		√			√	√		√
行业与环境信息		√				√		
新闻舆情						√		

二、小微企业信贷信息评价维度的构建

小微企业信贷中的信息不对称是信贷风险管控的核心问题，其实质是信息供给不能满足信息需求，信息供求矛盾产生于信息宿主与信息决策人的分离，实践中，小微企业信贷信息不对称体现在多个方面，即信息不完整、信息不规范、信息难以获取以及信息质量达不到要求等。沿着“信息获取—信息解读—信息利用”的思维逻辑，我们在了解了信息需求与供给结构之后，需要进一步针对各项具体信息思考其信息不对称的具体含义，从而为后续的信息利用和风险应对打下基础。因此，接下来在对小微企业信贷信息特征分析的基础上，对信贷员的信息感知设计和发放问卷，以明确信息供需差异和优化的方向。

1. 信息规范性欠佳，硬信息不硬，影响了信息的决策相关性。小微企业所在的行业门类庞杂，大部分小微企业由于产权关系单一，利益相关者不像大型公司尤其是上市公司这么广泛，因此，没有相应的严格的信息监管的必要性，通常只是在有融资需求或其他需求时才会临时起意聘请相关中介进行财务报表的审计，导致集中反映企业财务状况的各项财务指标不可靠、不规

范，由此导致通常所说的“硬信息不硬”。由于外部强制性信息监管的缺失，导致企业的信息质量差、透明度低，财务信息仅仅是辅助作用，需要更多的亲知证据，大大地提高了信息获取成本。

2. 信息类别庞杂，来源多头，信息宿主配合意愿不强。小微企业经营中不仅需要关注企业自身的经营状况，而且由于绝大部分小微企业都是家族经营的模式，任何一个家庭或者家族成员的社会、经济活动都可能牵连到企业，进而演变为经营或者财务风险，信贷员需要进行监控的风险信息性质混杂、来源多头，为了验证该信息需要信息宿主的配合，但是，实际工作中对方往往存在防范心理，信息宿主的配合意愿差或者配合质量不高，而使信贷员不得已放弃比较重要的线索。虽然从理论上来看，同一个风险要素存在多个信息渠道，但是现实中由于外部来源信息共享程度不够，可用渠道屈指可数，大部分信息取得还是依赖于信贷员对于借款人的现场调查，不仅成本高还不敢保证信息质量。

3. 企业经营不稳定，信息变化快，缺少多渠道公开验证等。由于小微企业抗风险能力差，很多企业形式为无限责任制，企业主个人或者家庭的行为、事项与企业行为相互交织，影响了企业的稳定经营，体现为频繁的产权变更、权力更替等，这些变化都可能影响信贷契约的履行，为信贷风险埋下隐患。不仅这些频繁变化的信息难以获取，即使获取了，其隐含的风险意义也需要其他的一系列信息佐证，一时也难以做出准确的解释。

4. 软信息较为重要，信息隐蔽性高、可验证性不强。从已经爆发的信贷风险来看，隐蔽性较强的信息有：（1）企业实际控制人信息；（2）民间借贷信息；（3）关联交易信息。通常银行跟踪企业经营状况与借贷关系比较有效的途径是紧盯银行信息流——硬信息，然而，这些较为常见的引发信贷风险的较高的信息恰恰不是银行方便跟踪的硬信息。例如，企业在工商登记时的个人信息是比较容易取得的硬信息，然而可能登记人并非企业的实际控制人，不仅导致实际风险难以跟踪，也为风险识别带来干扰因素。虽然现有的征信系统对业主有据可考的个人、家庭关系进行了登记，但是家庭关系如何难以考证。对于其更为复杂和隐蔽的社会交往而产生的关系也无法跟踪验证。

5. 信息没有统一标准，要求决策人依据多方面信息，结合借款人的个性化特征综合判断。从海量信息中抓取最有价值的信息需要很高的职业素养。在实践中，经验丰富的信贷员总结了数十条风险信号清单可以作为辅助判断，现在国内外也已经有了很多信贷决策模型，但是由于风险信号千变万化，针对每一个客户都需要结合其特点及其变化迅速决断并不容易做到，尤其在贷款人本身隐匿信息动机较大的情况下，为甄别带来更大的困难。

基于上述分析，我们拟从以下四个方面评价信息品质：（1）重要性或相关性，其隐含意义为信息对于风险控制的决策价值；（2）可验证性，其隐含的信息的稳定性、客观性、规范性是信贷风险控制的必要前提；（3）易得性，其隐含的意义在于该项信息是否会受制于获取成本，是否会实际应用于风险控制实践。分析思路如图 5 - 1 所示。

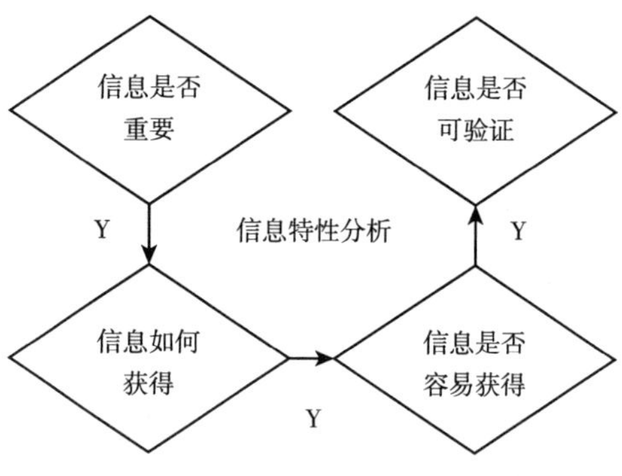

图 5 - 1　信息特性分析

三、信贷员信息特性评价比较

为了明确各类信息的特性，我们结合信贷风险控制中的常见信号，将信贷相关信息分为企业贷后行为、企业负债相关因素、企业主个人与家庭因素、信贷担保四类，共 24 项，采用问卷星工具定向发放问卷的方式，对浙江、湖北、贵州、四川四个省份 92 名信贷员进行调查。调查分两次完成，第一次是对贵州某银行的信贷员发放问卷，第二次是跨银行调研，剔除了非信贷一线的工作人员，最终形成 62 份有效问卷。由信贷员对上述信息的重要性、可验证性与获取难度进行评价打分，采取的是正向赋分，重要性和可验证性得分越高，对信贷员越有利；获取难度越高得分越高，对信贷员越不利，因此，此项得分需要反向理解。

由于不同分类标准对于风险控制的理论含义不同，我们将对信息评价进行类别与特性的交叉分析，以了解信息质量问题症结所在，深刻揭示信息不对称的原因。（1）哪些信息对于信贷员而言是重要的？这些信息有何特征？（2）这些信息的可验证性如何，尤其是比较重要的信息，其可验证性是否更好？（3）比较信息重要性与获取难度的差异。（4）结合信息获取渠道，比较信贷员对不同渠道信息可验证性的评价，寻求信息优化空间。

信贷员对信息三项特性的评分彰显了信贷信息质量难以满足信息需求。如果将信贷员对三项信息特性的评价作为信贷员对信息三个方面特性的满意度评分，表5－3中重要性、可验证性、获取难度的评分均值分别为3.555、3.256、3.139，中位数分别为4、3.5、3。由此可见：信息重要性的评分最高，说明大部分信贷员认同所列出的风控信息的决策相关性；可验证性得分相对较低，说明信贷员对这些信息的质量特征满意度较低，与我们人员访谈中的信息相互印证；由于难度是负向理解，五分量表下难度得分为3.139，可以认为大部分信贷员认为取证难。

在全部的24项信息中，最为重要的前三项信息依次是个人或家庭不法/违约行为、业主人品、企业违法行为，说明当企业发生实质性违约行为①时，风险程度最高，与第一还款源相关信息最为重要。而排在重要性后三位的依次是：在其他银行贷款信息、利润分配信息和产权变更信息，这些信息与非实质性违约相关。24项信息中违法行为、企业财务状况恶化、业主行业经验

① 狭义的违约是指借贷双方违背了借款合同与其附加合同的相关约定，由于每一组交易对象甚至每一笔交易的约定存在差异，为了统一标准，巴塞尔协议对违约也做出了统一的界定：一是银行认定除非采取追索措施，如变现抵押品，否则借款人可能无法全额偿还对银行的债务。二是债务人对于银行的实质性信贷债务逾期90天以上。违约又分为实质性违约和非实质性违约，实质性违约是指一方当事人违反合同的结果，如使另一方当事人蒙受损害，以至于实际上剥夺了他根据合同有权期待得到的东西，即为根本性违约，是从结果来判断，而非实质性违约是从行为判断的。法律上，违约又分为预期违约与届期违约，前者是指履约期限尚未到来，但当事人以明示或者默示的方式表明不会履约。在信贷交易中，借款人不可能明确地告知银行拒绝履约，预期违约只能够由银行依据风险信号自行做出判断。依据违约的原因，又可以分为履约不能、履约不当、履约延迟和拒绝履约。

表 5-3 信息评价表 1

综合分类	信息内容	信息获取	重要性			可验证性			获取难度		
			均值	中位数	标准差	均值	中位数	标准差	均值	中位数	标准差
企业贷后行为	变更借款用途	现场调查	3. 769	5	1. 608	3. 346	4	1. 573	2. 846	3	1. 567
	现金流异动	查银行流水	3. 423	3. 5	1. 474	3. 231	3	1. 306	3. 077	3	1. 230
	财务状况恶化	现场访问	3. 731	4	1. 343	3. 500	4	1. 241	3. 500	3. 5	1. 175
	重大投资失误	网络平台	3. 577	4	1. 391	3. 385	3. 5	1. 134	3. 500	4	1. 273
	利润分配	主动访问	3. 154	3	1. 347	3. 115	3	0. 952	3. 154	3	1. 047
	客户产权变更	主动访问	3. 462	4	1. 503	3. 115	3	1. 336	3. 000	3	1. 414
	违法行为	公安、法院网	3. 808	4	1. 415	3. 615	4	1. 203	3. 231	3	1. 243
个人或家庭因素	实际控制人	电话调查	3. 692	4	1. 436	3. 000	3	1. 166	3. 192	3	1. 234
	业主行业经验	现场访问	3. 577	4	1. 301	3. 462	4	0. 989	3. 038	3	1. 280
	业主人品	现场访问	3. 808	4	1. 327	3. 308	3. 5	1. 320	3. 423	3	1. 270
	家庭变故	现场访问	3. 423	4	1. 419	3. 115	3	1. 306	3. 154	3	1. 156
	不法/违约行为	公安、法院网	3. 885	4	1. 275	3. 115	3	1. 275	3. 115	3	1. 275
	涉讼	人行征信系统	3. 423	4	1. 474	3. 385	3. 5	1. 235	3. 077	3	1. 468
企业负债相关因素	资产负债率		3. 462	3	1. 174	3. 423	3. 5	1. 172	3. 269	3	1. 282
	他行贷款	银行系统	3. 192	4	1. 470	3. 154	3	1. 434	2. 654	3	1. 325
	民间借贷	访问	3. 731	4	1. 485	3. 038	3	1. 371	3. 385	4	1. 444
	对外担保		3. 500	4	1. 364	3. 423	3. 5	1. 172	3. 192	3	1. 201

续表

综合分类		信息内容	信息获取	重要性			可验证性			获取难度		
				均值	中位数	标准差	均值	中位数	标准差	均值	中位数	标准差
贷款担保相关因素	押品信息	最初可变现值		3. 577	4	1. 238	3. 346	4	1. 198	3. 115	3	1. 243
		是否毁损	现场调查	3. 654	4	1. 294	3. 269	3	1. 002	3. 269	3	1. 282
		估值变动		3. 500	4	1. 364	3. 154	3	1. 255	3. 077	3	1. 294
		产权变动	不动产中心	3. 538	4	1. 334	3. 308	3. 5	1. 192	3. 269	4	1. 373
	保证信息	财务状况恶化		3. 692	4	1. 334	3. 077	3	1. 192	3. 038	3	1. 373
		涉讼	网络平台	3. 500	4	1. 350	3. 269	3	1. 230	2. 769	3	1. 248
		产权变更		3. 231	3	1. 476	3. 000	3	1. 313	3. 000	3	1. 423
合计均值				3. 555	4	1. 380	3. 256	3. 5	1. 231	3. 139	3	1. 291

最容易验证，最难以验证的信息是企业实际控制人、民间借贷信息、保证人产权变更信息，说明同一来源的不同类别信息可验证性存在差异，需进一步研究。

（一）信息重要性的分类比较

就信息重要性而言，从企业贷后行为、企业负债相关因素、个人或家庭因素、贷款担保相关因素四类信息中排序为：个人或家庭因素 > 企业贷后行为 > 贷款担保相关因素 > 企业负债相关因素。四大类因素的排序体现了小微企业信贷的特征：企业主的个人家庭因素重于企业因素，而与信贷风险相关的第一还款源因素比与第二还款源相关的贷款担保因素更为重要，排在最后的是企业负债相关因素，说明当期的流量信息、流动性信息是信贷决策中最为关注的信息。

从各类因素内部来看，在个人或家庭因素中，重要性排序依次是业主的不法/违约行为、业主人品、企业实际控制人以及业主行业经验。除了业主的不法/违约行为属于已经曝光的显性风险之外，人品最为重要，其次才是与能力相关的业主行业经验，进一步印证了传统的信用风险“5C”评价法中个人品德的排序先于财务状况，小微企业信贷最为关注的是业主道德风险，也折射了信贷员的风险厌恶特征。企业贷后行为比较重要的依次是企业的违法行为、财务状况恶化和变更借款用途，变更借款用途实质上也是违约行为，再次印证了对企业品行相关的信息关注。企业负债情况最为重要的是民间借贷、对外担保以及资产负债率，前两种都是软信息，体现了信贷员对更加难以识别的隐性风险的关注度高。

（二）信息可验证性的分类比较

就可验证性而言，细分的五类信息可验证性的排序依次是：企业贷后行为 > 押品信息 > 企业负债相关信息 > 个人及家庭信息 > 保证信息。

分析：(1) 企业组织的信息可验证性强于业主及保证信息。前者本身是契约的一方，可以通过事先的谈判对其贷后行为形成一定的约束，并且其经济行为本身有着更多的可追踪的硬信息特征，可验证性较好；后者由于其复杂化、多样化等"软"信息的特征，比较依赖于信贷员的个体职业判断，可验证性较弱，在实际工作中难以对其行为形成直接的约束，只能够依赖于责任的追加强化约束。(2) 押品信息可验证性优于保证信息。押品信息与保证信息的可验证性分别排序为第二和第五，押品信息的可验证性明显好于保证信息。究其原因，一是押品信息具有更多的客体信息特征，而保证信息则依赖于保证主体的主观性信息，主体信息的不确定性和变动性较强，带来验证困难；二是信息的可验证性与信息半径相关，同为财务状况信息，借款企业的财务状况信息可验证性明显好于担保企业，相关信息属于企业外围信息，控制半径更多，可验证性较差。(3) 事实性单项信息优于综合性信息。在所有信息中，无论何人是责任主体，最容易验证的是违约、违规等事实性单项信息，这与近些年我国的征信系统建设以及公共信息的公开程度息息相关。

(三) 获取难度的分类比较

24 条信息中，最难以获取的是企业财务状况恶化、重大投资失误以及业主人品信息，最容易取得的三项信息是涉及诉讼、他行贷款、变更借款用途。不难发现，最难取得的这三类信息，其综合性较强，需要多重信息取证并交叉验证，而取得难度较低的信息其内容简单明晰，信息来源渠道是行业内部或者公检法部门等具有较强公信力、信息公开程度较高的政府部门。

综合各项信息的重要性与可验证性排序，排列成如图 5－2 所示的"金字塔"，塔尖为重要性程度最高、可验证性最强，塔底为重要性和可验证性最弱。通过塔尖与塔底对比，可以发现信息不对称最严重的是个人及家庭信息。

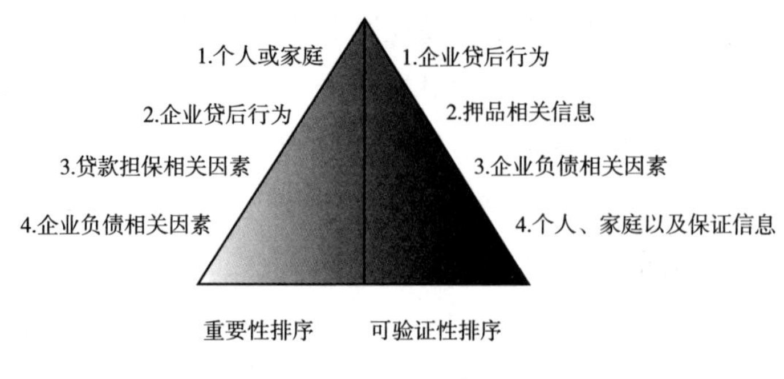

图 5－2　信息综合评价

四、其他信息分类维度的进一步分析

（一）信息来源与方式分析

依据信息渠道与方式，将信息分为现场访谈信息、企业调查信息、政府支持的平台信息以及银行系统内部信息。现场访谈和企业调查信息属于现场调查信息和亲知信息，也称为一手信息；政府支持平台和银行系统来源的信息属于非现场调查信息，为非亲知信息或者二手信息。两种信息各有优劣：亲知信息的优点在于信贷员对于信息的获取过程有充分的了解，对信息可能存在的缺陷也有一定认识，并且这类信息可以依据变化的情况随时跟踪调查，时效性较好，但是不足之处在于这类信息获取成本高，信息本身太个性化，依赖于信贷员的专业能力，具有较强的只可意会不可言传的“软信息”特征；政府支持的平台信息和银行系统内部信息虽然不是一手信息，但是其规范性和标准化程度较高，硬化程度好，当然信息质量也取决于平台或者系统本身的可靠程度以及更新的速度，难以满足不同个体个性化的风险控制需求。

对信息的归类见表 5－4，实际控制人、业主行业经验、业主人品、家庭变故、民间借贷属于现场访谈取得的信息；变更借款用途、资产负债率、财务状况恶化、重大投资失误、客户产权变更归类为企业调查取得的信息；他行贷款和现金流异动是从银行系统内部获取的信息；涉讼、押品产权变动、保证人涉讼、不法/违约行为、保证人产权变更属于政府支持的平台获取的信息。

表 5-4 信息评价表 2

来源、方式	信息内容	重要性			可验证性			获取难度		
		均值	中位数	标准差	均值	中位数	标准差	均值	等级	标准差
企业调查	变更借款用途	3.769	5	1.608	3.346	4	1.573	2.846	最易	1.567
	资产负债率	3.462	3	1.174	3.423	3.5	1.172	3.269	适中	1.282
	财务状况恶化	3.731	4	1.343	3.500	4	1.241	3.500	最难	1.175
	重大投资失误	3.577	4	1.391	3.385	3.5	1.134	3.500	最难	1.273
	客户产权变更	3.462	4	1.503	3.115	3	1.336	3.000	适中	1.414
现场访谈	实际控制人	3.692	4	1.436	3.000	3	1.166	3.192	适中	1.234
	业主行业经验	3.577	4	1.301	3.462	4	0.989	3.038	适中	1.280
	业主人品	3.808	4	1.327	3.308	3.5	1.320	3.423	最难	1.270
	家庭变故	3.423	4	1.419	3.115	3	1.306	3.154	适中	1.156
	民间借贷	3.731	4	1.485	3.038	3	1.371	3.385	最难	1.444
政府支持的平台	涉讼	3.423	4	1.474	3.385	3.5	1.235	3.077	适中	1.468
	押品产权变动	3.538	4	1.334	3.308	3.5	1.192	3.269	适中	1.373
	保证人涉讼	3.500	4	1.350	3.269	3	1.230	2.769	最易	1.248
	不法/违约行为	3.885	4	1.275	3.115	3	1.275	3.115	适中	1.275
	产权变更	3.231	3	1.476	3.000	3	1.313	3.000	适中	1.424
银行系统	他行贷款	3.192	4	1.470	3.154	3	1.434	2.654	最易	1.325
	现金流异动	3.423	3.5	1.474	3.231	3	1.306	3.077	适中	1.230

注：信息获取难度依银行系统（2.865）、政府支持的平台（3.046）、企业调查（3.223）、现场访谈（3.238）的次序逐步加大；

信息渠道重要性排序：现场访谈（3.646）>企业调查（3.600）>政府部门或平台信息（3.515）>银行系统内部信息（3.307）；

两种信息属性的排序是对称的，越是重要的信息渠道，其信息获取的难度越大。银行系统内部的信息最容易取得，然而对风险控制而言，却是相对重要性最小的，业主人品是需要现场访谈的重要程度高的信息，但是获取难度也最大。

四类信息的重要性由大到小的排列顺序为：现场访谈（3.646）>企业调查（3.600）>政府支持的平台信息（3.515）>银行系统的内部信息（3.307）。

四类信息的可验证性由大到小的排列顺序为：企业调查（3.354）>政府支持的平台信息（3.215）>银行系统的内部信息（3.193）>现场访谈（3.185）。

四类信息的获取难度由大到小的排列顺序为：现场访谈（3.238）>企业调查（3.223）>政府支持的平台信息（3.046）>银行系统的内部信息（2.866）（与重要性排序一致）。

信息困境较为明显，最难以获取的现场访谈信息对于小微企业信贷决策最有价值，但是可验证性最差，凸显了软信息在小微企业信贷中的重要性和对信贷员个体的决策依赖性。业主及其家庭相关的私人信息是风控的难点，其中，重要性得分最高的是业主人品。关于业主行业经验信息以及涉讼信息等来自公信部门的信息获取难度较小，而关于业主人品信息这样的软信息获取难度最大，主要依赖于现场走访、调研以及长期的业务往来积累，其次为民间借贷。私人信息中实际控制人是最难验证的，业主人品的可验证性居中，显示了小微企业信贷风险控制的难点所在。而实际控制人信息在实际工作中涉及更为复杂的企业设立、变更动机影响，实际信息难以获取，也难以验证。银行系统和政府支持的平台信息获取方法为平台查询，获取方法简单，规范性和可比性较好，属于公信部门，相关信息重要性高、可验证性好，是否易于获取依赖于相关部门的信息公开程度，但是其决策价值低于现场访谈信息。公安、法院、人行征信系统等公信部门获取的信息质量最好，尤其是企业及其主要负责人的违法、诉讼相关信息，不仅重要性强，而且信息质量可靠度较高。在实际工作中企业存在违规和违法行为信息不太容易获取，需要跟公检法部门取得良好的合作关系，诉讼信息相对比较容易获取，可以通过法院公开信息或者“企查查”等第三方平台查询。

（二）还款源信息的比较分析

由于很多学者将小微企业信贷信息根据财务信息、非财务信息分为软信息和硬信息，主张软信息更为重要，通常将表内财务信息归结为硬信息，其他信息归类为软信息，我们暂时沿用该分类方法。表内信息（与第一还款源相关，会计报表中包含的信息：财务状况恶化、重大投资失误、利润分配、资产负债率）、表外披露信息（主要与第二还款源相关：押品最初可变现值、押品是否毁损、押品估值变动、押品产权变动、保证人财务状况恶化、保证人涉讼、保证人产权变更）以及财务报告之外的其他信息（企业违法行为、业主违法行为、涉讼、民间借贷、对外担保）。比较这三类信息的重要性与可验证性，由于信息的获取难度主要与信息获取渠道和信息的稳定特征相关，本部分不对信息获取难度做出分析。不同还款源信息评价见表5－5。

三类信息的重要性由大到小的排列顺序为：其他财务报告外信息（3.711）＞表外披露的第二还款源信息（3.523）＞表内信息与第一还款源相关信息（3.481）。

三类信息的可验证性由大到小的排列顺序为：表内信息与第一还款源相关信息（3.355）＞其他财务报告外信息（3.288）＞表外披露的第二还款源信息（3.230）。

三类信息获取难度由大到小的排列顺序为：表内信息与第一还款源相关信息（3.355，最难获取）＞其他财务报告外信息（3.202）＞表外披露的第二还款源信息（3.091，最易取得）。

依据信贷员对三类信息的重要性评分，印证了小微企业信贷的“软信息”依赖；尽管如此，大部分信贷员还是认可硬信息——财务报告信息的可验证性，“硬”性特质得到了信贷员评价的进一步验证。最难以验证的是第二还款源信息，硬信息的可验证性较强，比较符合常识。但是如果将其他信息中的民间借贷剔除，其他信息的可验证性就会排在首位，体现了民间借贷是监控的难点；但是，从获取的难易来看，第二还款源相关信息最容易获取，而与第一还款源相关的企业财务状况信息、投资行为信息等则是最难以获取的，这是由于信贷契约的约束力为银行相关信息的获取提供了法律保障。

进一步地，比较第二还款源的押品与保证人信息发现，虽然押品相关信息的重要性、可验证性评分均高于保证人相关信息，但是押品信息的获取较保证人信息获取更难。押品信息获取难度较高主要体现为押品的实物状况以及其

表 5-5　信息评价表 3

风险关联	信息内容	信息获取	重要性			可验证性			获取难度（监控成本）		
			均值	中位数	标准差	均值	中位数	标准差	均值	中位数	标准差
第一还款源（表内信息）	财务状况恶化	现场访问	3.731	4	1.343	3.500	4	1.241	3.500	3.5	1.175
	重大投资失误	网络平台	3.577	4	1.391	3.385	3.5	1.134	3.500	4	1.273
	利润分配	主动访问	3.154	3	1.347	3.115	3	0.952	3.154	3	1.047
	资产负债率		3.462	3	1.174	3.423	3.5	1.172	3.269	3	1.282
其他财务报告外信息	企业违法行为	公安、法院网	3.808	4	1.415	3.615	4	1.203	3.231	3	1.243
	业主违法行为	公安、法院网	3.885	4	1.275	3.115	3	1.275	3.115	3	1.275
	涉讼	人行征信系统	3.423	4	1.474	3.385	3.5	1.235	3.077	3	1.468
	民间借贷	访问	3.731	4	1.485	3.038	3	1.371	3.385	4	1.444
	对外担保	访问、查询	3.500	4	1.364	3.423	3.5	1.172	3.192	3	1.201
第二还款源（表外披露）	押品：										
	最初可变现值		3.577	4	1.238	3.346	4	1.198	3.115	3	1.243
	是否毁损	现场调查	3.654	4	1.294	3.269	3	1.002	3.269	3	1.282
	估值变动		3.500	4	1.364	3.154	3	1.255	3.077	3	1.294
	产权变动	不动产中心	3.538	4	1.334	3.308	3.5	1.192	3.269	4	1.373
	保证人：										
	财务状况恶化		3.692	4	1.334	3.077	3	1.192	3.038	3	1.373
	涉讼	网络平台	3.500	4	1.350	3.269	3	1.230	2.769	3	1.248
	产权变更		3.231	3	1.476	3.000	3	1.313	3.000	3	1.423

产权变更情况，这两类信息的获取需要现场勘察，或者取得相关产权登记机构的文件支持，横向对比其重要性，押品这一特征的重要性评分最高，说明该信息获取难度大却是信贷员最为看重的信息，预示着抵押贷款控制的难点所在。而押品的最初估值以及贷后的价值变动相关信息相对容易取得。横向特征比较保证信息，保证人的财务状况最为重要，但是其获取难度最大。而保证人涉讼信息重要性弱于保证人的财务状况，获取难度也相对较低。

五、本章小结

综上所述，小微企业信贷信息的供需差距以及信息不对称的解析与第二章的风险提示报告中违约原因的统计结果比较吻合，结果如图 5 –3 所示。除了企业自身的经营因素之外，小微企业信贷风险最为重要的是业主个人或者

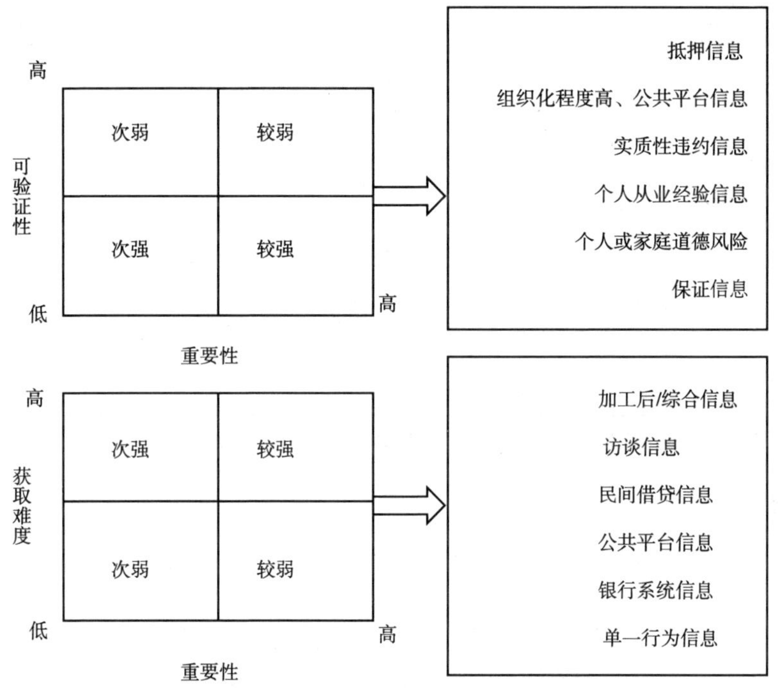

图 5 –3　信息特征与信息不对称程度判断结果

家庭相关因素以及民间借贷，现场访谈和企业调查是最为重要的信息来源，但是此类信息的可验证性较弱，比较依赖于信贷员的个人判断能力；实时变动的信息获取难度最大，较为稳定的业主行业经验、业主人品等虽然可验证性不是很理想，但是对于信贷决策仍然是最为重要的，反映企业行为的单一信息可验证性好于反映企业财务的综合信息。政府支持的平台信息和企业调查信息具有较好的可验证性，政府支持的平台信息可验证性较好，但是决策价值并不是很大。民间信贷信息较为重要，但是可验证性较差，获取难度也比较大。总之，信息的隐性特征对于信贷风险控制更重要。

附件1：

2018版中国人民银行个人征信银行版用于信用审批和贷后管理，可提供信息见表5－6。

表5－6　　中国人民银行个人征信可查询信息

一级指标	二级指标
个人基本信息	身份信息、配偶信息、居住信息、职业信息
信贷交易信息	信用提示、逾期及违约信息概要、授信及负债信息概要； 逾期及违约信息概要：呆账信息汇总、资产处置信息汇总、保证人代偿信息汇总、逾期（透支）信息汇总； 授信及负债信息概要：描述信用主体当前获得的授信情况和负债情况、未结清贷款信息汇总、未销户贷记卡信息汇总、未销户准贷记卡信息汇总、对外担保信息汇总
公共信息	先展示信用主体不遵纪守法的信息（欠税记录、强制执行记录、民事判决记录、行政处罚记录），再展示帮助识别个人身份的信息（养老保险记录、住房公积金记录、低保救助记录、执业资格记录），用于帮助商业银行识别客户身份、判断收入范围，是否有不遵纪守法的行为

资料来源：中国人民银行—银行版—个人征信。

附件2：

企查查企业信息查询见表5－7。

表5－7　　企查查企业信息查询

一级指标	二级指标
股东及高管	股东、高管的持股比例、法人代表与实际控制人变更、合作关系、风险扫描（关联企业、对外投资、在外任职、敏感舆情）

续表

一级指标	二级指标
企业信息	股东与高管信息、分支机构、对外投资、企业年报、历史变更、资质证书、招聘信息、新闻舆情、疑似关系、合作关系、经营风险相关信息：动产质押、股权出质、知识产权出质、竞争风险、合作风险、产品召回、清算信息、进出口信息、供应商、客户、土地信息、进出口信息
公共信息	司法案件、裁决文书等法律风险相关信息；行政处罚、环保处罚、税务信用

第六章　风险问题与风险控制：一般化策略与技术

一、风险的构建性特征

风险不仅是一个“客体世界”，也是客观世界见之于主观世界的产物。社会科学中风险毋庸置疑具有很强的“构建”性特征，加剧了风险事项本身的不确定性。风险如何被构建受制于主体局限性，具体在以下三个方面均有体现：一是有限理性带来的认知局限。二是风险态度决定风险意义。风险包含了价值判断，什么是非期望的，取决于他们的价值观和偏好（Dietz et al.，1996）。三是认知的渐进性。随着时间的推移，认知是一个不断调整的过程。人类社会的知识累计是逐步的，有些知识在一开始不能被人们所认知或者正确认知，随着技术、人文等环境因素的演变，潜在的知识逐步被认知而显性化，动态调整进一步凸显了主体局限。上述局限性决定了风险承担主体相机而动的特性。社会学视域的风险还具有以下特征。

（一）主体间性与意义共享

在哲学家拉康看来，每一个行为主体的社会角色不仅仅是由自己定义的，这是主体性的一面；另外，我是谁也是由他人定义的，这一特性在哲学上被称为主体间性。他人构成了“我是谁”的参照系，不同的参照系构成了同一行为主体不同的社会角色，并且这种认定在一定范围内共享。社会科学领域，认知的构建不是个体的构建而是群体的共同构建，主体和主体共同分享着经验，这是一切人们所说的“意义”的基础，由此形成了主体之间相互理解和交流的信息平台（郭湛，2001），进而形成了指导人们面对风险时行为选择的预期。意义通过主体间的交流、交往而得以建立，达成某种“共享的意义”，这是合作或者契约关系的前提。共享意义可能来自组织、制度、契约、文化、分析工具、沟通、信息或知识共享。只有其成员都意识到自己的主体身份，相互尊重、相互协调、共同行动时才构成真正意义上的共同主体，共享的意义形成了成员的共同约束。主体间性意味着行动的选择并非取决于某种所谓的“事实”，而是取决于“映射”和“被映射”。

如同物理学中的波粒二象性，在共同主体中单一的主体仍然是存在的，每一个主体都具有个体性和群体性“二重性”。这种二重性衍生出了多个主体角色关系：自身作为个体的主体、他人作为个体的主体、各自在共同主体中的角色以及存在独立意志的共同主体，由此衍生出了多重意义的交叉、重叠和分歧。共同主体的边界是可以调整的，随着意义共享范围的扩大，多个行为主体被连接起来，形成一个群体或者多个群体、多方关系。行为主体利益关系的明晰或模糊的存在，加剧了主体间性的复杂性，使风险有了更多的价值观冲突，厘清多重意义的交叉与分歧，是提高风险认知的前提，也是风险控制的必要条件。这意味着意义的共享与否是个体理性与群体理性冲突的来源。

（二）风险感知与风险态度

风险感知是行为个体对于风险的构建，将某些期望、想法、希望、恐惧和情绪与具有不确定后果的活动或事件联系起来，对于评估主体来说，没有理解的存在就没有主体的存在（Ortwin Renn，2005），风险感知是感性认识与理性认知、外在世界与主观世界的混合产物。不同行为主体由于个人禀赋差异，对于风险的感知能力和承受能力也存在差异，换言之，风险感知有着很强的个体差异性。另外，风险感知也是风险态度的函数，风险态度决定了风险感知水平和风险预警范围：风险态度越冒进，置信水平越高，置信区间越小；风险态度越谨慎，置信水平越低，则评估主体纳入风险范围的内容越多，风险的容忍度也越低，风险的敏感性也越强。

风险态度又与风险后果的权衡密切相关，在行为主体风险认知的框架下，国际风险治理委员会（IRGC）将风险分为可接受的、可容忍的、不可容忍的，蕴含着风险控制的范围。风险态度外化为在实践中的期望值法则、乐观法则、悲观法则、遗憾法则等风险决策法则。期望值法则属于风险中性的决策法则，乐观法则属于风险偏好性决策法则，而悲观法则、遗憾法则分别从所得和所失进行心理权衡，折射了风险厌恶的人格特征。

（三）认知盲点与风险问题

从风险的构成要件来看，影响风险认知的包括行为选择、负面结果、实现机会的认知问题，不同的知识结构有着不同的寓意，蕴含了不确定性的结构和风险控制的目标。如果其无知体现为对于风险事项的发生及其后果的无知，那么这种无知是对风险事项本身的认知不足。行为主体如果对于负面结果和发生概率有着明确的认知，但是由于原因不明，在行为选择上是无知的，意味着行为主体对于风险的掌控能力弱。例如，飞行中的飞机故障，飞行员知道其后果，可是并不知道原因，从而不明确自己的行为选择。在前一种风险知识结构中，需要采用先验性信息或知识导向，提高风险本身的识别能力；而在后一种情形中，则需要追根溯源，明确因果联系，一旦明确了因果关系，便进入了工具导向阶段。

国际风险治理委员会依据因果链的确定程度将风险问题分为四类：简单问题、复杂问题、不确定问题和模糊问题。因果链明显（如车祸的情况）的问题属于简单问题；如果评估的重点是难以识别或者变化的因果则属于复杂问题；不确定性是指事件本身的随机性；模糊性更多地是存在不同的因果链，难以形成共享的意义，谁也不能说服谁。共识的范围与问题复杂程度负相关。社会学领域中风险控制的复杂性在于风险结果、风险原因以及因果联系中的任何一项达成共享意义都不是一件容易的事情，其难易程度取决于个体认知、纳入共享范围的主体异质性以及群体已有共识。低的风险容忍度同样意味着更为丰富的风险内涵，由于主体的融入性，也就意味着风险因果链存在更多的潜在解释，风险问题可能由简单问题而逐步升级，向复杂问题、不确定问题或者模糊问题迁移，加剧了风险控制的复杂性。

（四）风险演化与意义调整

风险控制的复杂性还在于对风险要素的认知既非一蹴而就，也非一劳永逸，风险随着时间发展而演化加剧了风险的构建性特征，这种演化可能体现为对行为选择、负面结果、实现机会的重新认知。由于主体间性的存在，这样的认知调整也可能被他人所预见，进而随之做出调整，这种调整随后又被他人预见而调整行为，这样的循环往复的互动调整，意味着共享的意义可能被不断地重构。

风险控制本身就是对未来不确定性的预测，意味着这是因为行为主体对风险的识别与评价不仅仅依赖于已有的认知，还需要运用对未来的预测性认知，意味着意义的共享可能不仅仅是对当下情势的判断，也可能是对未来情势的判断，风险控制的主导者需要相关的利益主体对此达成共享的意义，进而采取一致行动。

二、信贷风险问题认定与风险工具

风险反应行为和时机的差异一方面源于个体风险容忍度，另一方面也与个体认知能力相关。风险问题与风险工具的对应见表 6 - 1。首先，需要弄清楚认知结构中盲点何在，是对环境的无知、风险因素的无知、风险后果的无知，还是对因果关系的无知。不同的盲点意味着不同的可控程度和风险应对，如果行为人是对风险事项本身无知，则需要在风险信号的识别上进行经验积累或者后期培训；如果是对环境的无知，则需要进行及时的信息传递，对于风险因素的无知会导致难以找到最佳的应对工具。而对于因果关联，风险控制的主导者需要在清晰认知问题的复杂程度的基础上，尽可能地达成共识，越是简单问题越容易达成共识，越是复杂问题越难达成共识。不仅如此，信贷风险控制的现实认知困境还在于因果的动态关联和互相缠绕。例如，担保圈风险，圈内的承债主体、债权人各自的反应既是风险应对的结果，同时其应对行为本身也构成风险源。不管何种信贷风险，风险应对的第一步都是明确相关利益主体各自的权责关系以及治理工具，在此基础上引入新的治理主体，构建新的治理工具以实现有效治理。

表 6－1　　风险问题及其工具一览

风险问题	导向	一般化工具示例	信贷管理工具
简单问题	工具导向—— 问题的认知较容易达成共识，聚焦于问题解决，因此属于工具导向；界定风险范围、确定风险管理路线	风险效益分析、风险权衡、试错； 技术标准； 经济激励； 教育、标签化、信息； 契约	准入条件 信号、信息共享 主体与押品资质确认、风险阈值管理； 授信、还款均与现金流匹配； 减息、税惠以缓解还款压力； 风险信号清单、风险等级标签、强化信息采集与统计分析； 借款合同中限制新增负债以及利润分配的限制等限制性条款的运用
复杂问题	认知导向—— 由于多因导致的因果关系不明，因果认知导向。 依据对风险问题的认知，确定有效的工具；充分掌握风险信息；确定因果关系	充分描述可用证据； 场景构建、结果路径分析； 德尔斐法； 安全装置设计的多样性，提高风险目标的缓冲能力； 多场景培训提高应对能力； 建立可靠性组织	厘清债权债务关系、管理咨询； 一户一策、差异化应对； 债委会讨论、银团抱团清收； 追加实际控制人担保、押品，多重保证； 信贷员培训； 购买信贷保险、建立合作关系
不确定性问题	认知导向—— 消除策略 防范（风险代理） 弱化风险冲击 接受策略（结果认知）	扩大风险认知范围，提高预测能力； 围堵； 提高应对突发事件的能力，缩小损失； 避免高脆弱性； 允许灵活应对； 视为可接受风险	构建或参与信息共享、加强媒体信息监控； 保证、保险； 资产封存、销售回款； 及时获取信息、紧急启动资产保全； 弹性条款；部分债务减免、置换； 公证质押、实现担保物权 核销处理

续表

风险问题	导向	一般化工具示例	信贷管理工具
模糊问题	共识导向，多主体参与，沟通为主	应用冲突解决方法达成共识；容忍风险评估结果和管理选择；利益相关者参与达成封闭性的整合；强调沟通和社会话语引导	债委会内部协商；政府出面协商解决方案；政府相关部门配合解释、安抚，避免群体性事件

风险治理有两项基本任务：一是改善认知或达成共识；二是提高风险控制能力。风险问题依据复杂程度的分类隐含了风险控制的导向、范围、边界与策略，对行为主体的行为能力与行为动机存在不同的要求。对于简单问题，由于因果关系比较清晰，因此，风险控制的重心不在认知，而是提高风险应对能力，找到有效的风险应对工具；对于复杂问题，由于因果关系不明，风险控制的首要任务是在充分掌握风险信息的基础上，弄清楚复杂的风险发生机制；对于不确定性问题，由于该问题的随机性，主要是采取回避策略、替代策略或者接受策略；模糊问题主要是源于认知差异或者利益冲突，因此，属于共识导向，应对之策包括通过冲突解决（一方占上风）、沟通和引导达成共识、接受分歧。

三、风险策略与工具运用示例

——基于襄阳市22份贷款合同及其贷后管理文件的文本分析

文本资料来自襄阳市 HB 银行与 ZGGS 银行部分小微企业贷款情况，材料来源为襄阳市政府 2015 年 11 月对小企业进行补助时调查的部分小企业贷款相关资料，主要是贷款人身份证明、贷款及担保合同、贷后管理追踪数据。贷款平均额度为 500 万元人民币，还款期限均为 1 年，利率均为中国人民银行一年贷款利率基准上调 30%。其中，5 笔为 HB 银行贷款，17 笔为 ZGGS 银行贷款，在共计 22 笔贷款中，有 5 笔为信用贷款、17 笔为非信用贷款（即存在抵押、保证中的一个或组合）。借款时间均为 2015 年。虽有政府背书，但有保证的贷款仍是小企业贷款的主要形式，风险补偿策略在小企业贷款中的运用较为普遍。表6-2是从贷款合同的文本中解读到的各种风险控制工具。

表6-2　　贷款合同中的风险控制工具

条款	具体条款
借款用途	1. 规定款项只能用于购买原材料，不得挪作他用；(ZGGS) 2. 借款人未按照贷款人要求及时提供借款资金使用记录和资料，贷款人有权停止借款资金的发放和支付；(HB)
还款能力	1. 贷款人有权根据借款人资金回笼情况提前收回借款，因提前还款或贷款人根据合同约定提前收回借款导致借款期限缩短的，相应利率档次不变；(ZGGS) 2. 若借款人信用状况下降或主营业务盈利能力不强、借款资金使用出现异常、借款人未按照贷款人要求及时提供借款资金使用记录和资料，贷款人有权停止借款资金的发放和支付；(HB)
担保风险	1. 若抵押物发生受损、贬值、产权纠纷、被查封或扣押，或抵押人擅自处理抵押物，或保证担保的保证人财务状况发生不利变化或发生不利于贷款债权的变化，借款人应及时通知贷款人，并另行提供贷款人认可的其他担保；(ZGGS) 2. 经贷款人同意，本合同下借款以应收账款提供质押担保（应收账款坏账率连续两个月上升，已到期未收回的占5%，与付款方或其他第三方产生贸易纠纷导致可能无法按期还款的，可立即收回借款）；(ZGGS) 3. 贷款人有权对借款人的关联企业、保证人或保证人的关联企业是否发生合同规定问题以及是否对借款人造成影响进而威胁到借款人的借款安全进行评估，并根据评估结果采取本合同规定的任何措施或多项措施；(HB) 4. 若借款人的关联企业、保证人或保证人的关联企业出现问题，借款人须为贷款人提供新的担保措施；(HB)
还款顺序	1. 在还清本合同项下借款本息和其他应付款项前，不以任何形式分配股利和红利；(ZGGS) 2. 贷款清偿具有优先性；(HB)
账户管理	1. 贷款人有权对资金回笼账户进行监督；借款用于借款人生产经营周转等流动资金需求的，借款人应在借款人处制定专门资金回笼账户，用于收取对应销售收入或计划还款金额，以非现金方式结算的，借款人应确保在收到款项后及时划入资金回笼账户；(ZGGS) 2. 指定资金回笼账户出现大额及异常资金流入流出情况且借款人不能提供贷款人认可的解释材料的，即是借款人违规；(HB)

（一）贷前风险控制

1. 准入条件与个性化授信。发放贷款之前，银行主要是对申请人进行了资信情况采集和身份验证，查询了中国人民银行的个人征信记录，对于抵押、保证的条件要求等。在具体放款计划时运用场景构建策略，依据企业的经营规律和用款特点，规划授信的时间。准入条件与个性化授信从事前消除了风险的发生。

2. 标签化。在贷款合同中，针对贷后可能出现的风险性行为，进行了标签化约定。例如，中国工商银行在贷款合同中明确规定：在最近一年内的生产经营中未发生重大违规违纪行为，现任高管无任何重大不良记录。此条款属于贷前风险控制，其规定了借款企业在借款之前的行为，体现出在目前的小微企业信贷的过程中，对违法违纪的企业实行零容忍，标签化行为的约定一定程度上减少了风险行为的发生，省去了贷后管理成本。

3. 围堵策略与紧急保全。为了保护债权人利益，在贷款合同中对贷后企业的行为做出了一定的限制性规定，对企业利润分配行为、改变借款用途、要求资金回笼到指定账户、其他违约的情况，商业银行有权立即启动保全措施，停止业务并收回贷款金额。关于责任顺位的约定也是围堵策略的运用。

4. 告知义务约定与贷款前后信号捕捉。除了要求企业必要的告知义务之外，还要求企业提交最近年度的财务报表。银行还审查了所有借款企业 2015 年 11 月的资产负债表、现金流量表以及利润分配表，作为企业经营的信号用于信贷决策，也有的银行在放贷前审核企业“三表”，采取了关键信号捕捉策略。

5. 弹性条款。当不利情况出现时，贷款人有权根据借款人资金回笼情况提前收回借款。若借款人信用状况下降或主营业务盈利能力不强、借款资金使用出现异常、借款人未按照贷款人要求及时提供借款资金使用记录和资料，贷款人有权停止借款资金的发放和支付。

6. 贷款保证。抵押与保证体现风险补偿策略。贷后商业银行会对抵押品以及保证人进行检查，对抵押品而言，会检查其价值是否和抵押时一致，是否存在贬值问题，其所有权是否发生变化。对保证人而言，商业银行会检查其自身的经济状况，以保证在借款人违约无法正常还款的情况下银行二次收款的保证。以上做法均属于降低企业违约之后无法收回贷款的风险。

（二）贷后调查

表6－3统计了贷后管理的调查信息。由于此次调查主要是配合政府要求调查信贷支持资金的实际发放与使用，并非针对出险企业调查，贷后管理主要运用了风险信号跟踪工具这一单一的工具。并且相比财务报表的滞后性，水电费以及工资能够实时的反映借款企业目前的财务状况，使商业银行更能准确掌握借款企业目前的经营状况，从而在贷后控制风险。此外，共有12笔业务查询了增值税完税记录，有10笔业务不低于3个月，可以看出，商业银行在进行信贷时会考虑企业的诚信问题，而按时缴纳税费是一个企业诚信经营的标准。从获得的材料可以看出，在22笔业务的贷后检查中，共有20笔业务进行了电费的查询，并且有13笔业务查询的电费月数不少于3个月；共有6笔业务查询了水费，有4笔业务查询的水费不低于3个月；共有21笔业务查询了工资表，有19笔业务查询的工资表不低于3个月；共有11笔业务查询了增值税完税记录，其中有10笔业务不少于3个月，以此判断企业的经营活动是否正常。

表6－3　　贷款企业调查信息

借款公司编号（贷款方式）	电费查询月数	水费查询月数	工资查询月数	增值税	借款银行
1（信用）	4+11	0+0	3+7	9+11	ZGGS
2（保证）	3+3	3+3	3+3	0+0	ZGGS
3（保证）	3+3	0+0	3+3	12+12	ZGGS
4（保证+信用）	2+1	1+1	2+3	0+0	ZGGS
5（保证）	4+1	0+0	3+3	0+0	HB
6（保证）	0+2	1+0	3+3	0+0	HB
7（保证）	3+3	0+0	3+3	0+0	HB
8（抵押）	1+2	0+0	2+2	1+0	ZGGS
9（抵押）	3+3	0+0	3+3	7+7	ZGGS
10（抵押）	2+1	0+0	2+1	16+2	ZGGS
11（抵押）	3+3	3+3	3+3	0+0	ZGGS

续表

借款公司编号（贷款方式）	电费查询月数	水费查询月数	工资查询月数	增值税	借款银行
12（抵押）	0 +3	0 +3	0 +3	0 +4	ZGGS
13（抵押）	11 +11	0 +0	3 +9	3 +9	ZGGS
14（信用）	3 +0	7 +0	3 +0	0 +0	ZGGS
15（抵押+保证）	3 +3	0 +0	3 +3	3 +3	ZGGS
16（信用）	4 +3	0 +0	4 +4	14 +6	ZGGS
17（信用）	0 +0	0 +0	3 +3	7 +4	ZGGS
18（抵押）	3 +3	0 +0	0 +3	12 +7	ZGGS
19（信用）	3 +2	2 +6	3 +3	11 +0	ZGGS
20（保证）	3 +2	0 +0	4 +2	2 +0	HB
21（保证）	3 +3	3 +3	3 +3	0 +0	ZGGS
22（保证）	0 +3	0	1 +3	0 +3	HB

注：表中“x + x”代表“贷前所查月份 + 贷后所查月份”。

四、风险控制的进一步理论分析

（一）风险层次划分与策略工具选择

在银行对信贷风险控制过程中，存在多个不同层次的相关主体，或者具有资源优势，或者具有信息优势，或者具有专业知识优势，银行在充分认识其优势的前提下，结合自身的决策情景，充分利用各种社会资源，启用司法救助、专业救助、市场救助或行政救助，将各方的优势重新整合，使得资源运用效果最大化、贷款损失或者社会损失最小化，最优化贷前信贷方案和贷后管理方案的设计。风险层次与风险控制策略如图 6 – 1 所示。

1. 监管层面——共识导向。地方政府和行业监管者作为市场秩序维护者和行业管理者的身份，具有不可比拟的优势。其特性在于跨机构的信贷风险控制视角，能够超越机构利益的局限性，从当地金融生态的整体层面引导金融资源的配置和风险化解之策。在信贷风险控制中，利用其优势实现以下功

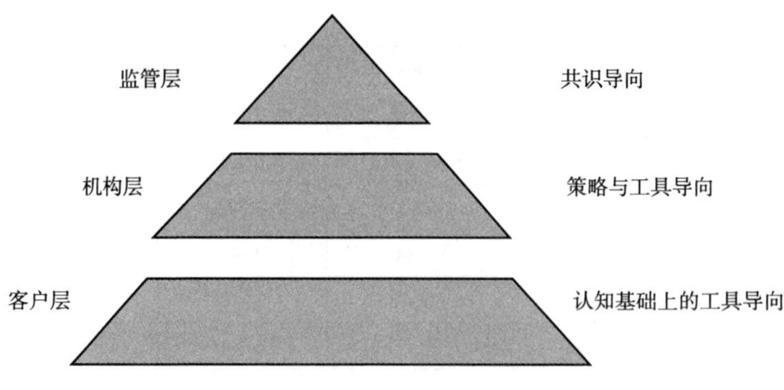

图 6－1　风险层次与风险控制策略

能。(1) 管理者的协调功能。作为最高权威性监管者，调动全社会资源，协调各方关系；尤其是对于多头债务或者涉及多个利益群体、多个部门时，政府及行业监管者的主导作用尤为必要，如何协调各方达成共识是面对信用风险解决方案的前提。必要时可以通过财政支持消除债务重组的摩擦力，为成功重组提供推动力。(2) 债务重组的导向功能。作为政令集散场所，指导资金流向。在信贷资金配置中，政府的区域发展规划是资金投放的指南针，也是债务重组中评价重组方案前景的重要依据，因此，政府对于银行和战略投资人都是一个首要的关系主体。(3) 风险化解方案中的信息功能。作为市场秩序组织者，最大化市场主体信息效用，政府部门利用招商引资的机会，在尊重各市场主体自由选择权的基础上，为其提供必要的决策信息或者连线搭桥为其提供便利。(4) 区域性金融生态监测与控制功能。政府的银保监部门作为金融秩序的监管者，可以实时采集辖区内的各微观主体的所有交易信息与风险变动信息，从宏观层面监控辖区内金融生态环境的变化动态，及时预警止损，必要时动用货币与财政政策工具干预，以防范和化解风险。

2. 机构层面——策略与工具导向。从整个机构层面，银行的风险控制优势在于：(1) 微观主体信息优势。对客户软硬信息的充分掌握很有必要，作为长期从事信贷业务的银行需要建立健全自身的各种统计数据。(2) 客户资源优势。对行业以及客户的产业链关系信息充分掌握是合理策划授信方案和债务清收方案的前提。在对信贷相关信息充分统计的基础上，确定风险阈值，从机构总体层面采用控制客户集中度等风险分散策略、建立其他合作关系以转移风险、信息共享制度。在建立健全风险管理制度的基础上，综合运用经济激励、教育、标签化、信息、契约等风险控制工具，建立信贷员学习、培训制度等从组织层面控制风险。

3. 客户层面——认知基础上的策略工具导向。小微企业信贷风险认知应把握好以下三个特点：（1）在对客户的经营规律和现金流规律充分把握的基础上，一户一策。（2）贷款方式的组合使用，使得信贷风险具有综合性和交互性。（3）小微企业信贷风险具有经营风险、融资风险与社会风险相互交织的特点，因此，需要结合客户业务特点，准确识别风险信号，依据不同阶段采取风险缓释策略、风险接受策略等。

（二）风险问题的阶段确认与总体策略

发生借款企业由于现金流不足而无法按期还款时，风险态度的决策法则是损失最小化，需要做的风险决策包括：采取什么措施？何时采取措施？风险态度总体而言分为以减少损失为主要目的的防御姿态和化解风险为目的的主动设计应对方案的积极态度。具体采用何种态度取决于风险类型、严重程度以及所处的阶段，风险问题的阶段确认与总体策略如图 6－2 所示。

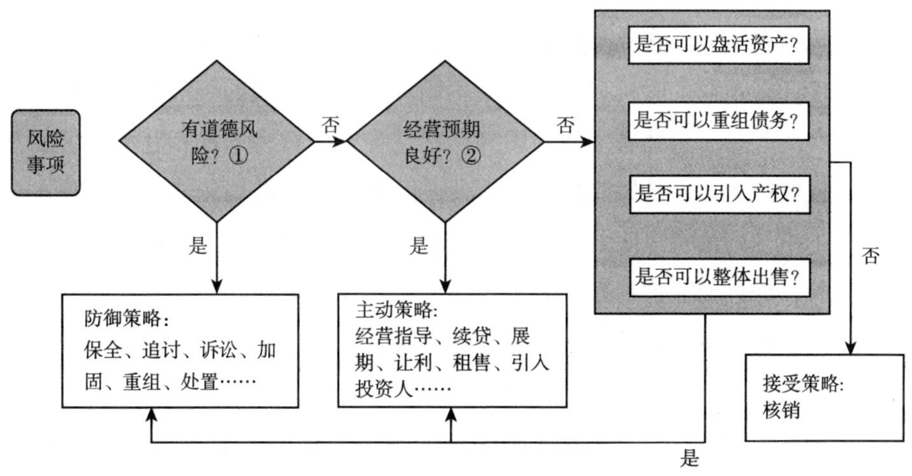

图 6－2　风险阶段决策树

其风险严重程度按照以下还款源顺序依次增加：现金流→经营活动产生现金流能力→第二还款源，即抵押担保的偿债能力→第三还款源，也即破产清算时全部可用经济资源的还款能力。但是，启动何种程序取决于风险收益的预测结果。风险类型基于对风险内容的判断，属于道德风险等主体风险还是偿债能力、市场与政策环境等客体风险？源自保证人、借款企业还是银行抽贷？财务困境属于暂时性的、持续性的还是已经没有补救可能？

如果道德风险较大，通常需要采取资产保全、追讨、紧急防御策略。如果属于暂时性经营困难，则可能考虑债务展期、续贷等积极性应对策略。如果依靠企业自身已经无望改善经营，成为厂垮人散的僵尸企业，则一方面，应紧急启动第二还款源，进行财产保全或者保证人追偿；另一方面，可以采用更为积极的做法，依据具体情况，采用债务重组、投资人引入、债转股等应对策略，策略的选取取决于对损失的估计。在上述策略均无效时则采取接受策略对坏账进行核销。

（三）风险容忍度与反应时序

由于在实际生活中，大部分的小微企业信贷都是多重保证方式并存，由此而衍生出风险的复合性特征，因此，需要在辨识风险动因的前提下，综合评价其风险严重性。在此基础上，风险态度的采用取决于风险控制主体的风险容忍度，在不同的时机采用的策略不同，会产生不同的经济后果，利益相关者也会对其行为选择有不同的预判，利益各方的行为选择相互激荡、相互启发，由此衍生出新的风险形态。因此，除了有实际的偿债能力或道德水准等产生的本源的信贷风险之外，还存在一种由于风险认知、风险态度引发的舆论风险，并进而通过各方的后果预期产生实在的风险。在这里风险的构建性特征与实在性特征相互交融而生，在风险演化过程中屡见不鲜，信贷风险中的群体事件是典型表现，这时行为的时序就显得尤为重要。

如图 6 –3 所示，理想的反应时序是：盘活经营、源头化解→启动担保契约或关系重构→紧急止损、盘活资产或产权，即所谓“不抽贷、不断贷、不冻结”，利益相关者共同协商盘活资产或权益，激发濒危企业自身的生命力或者其经济资源以及利益相关者和市场的活力。然而，现实生活中由于各债权人的风险容忍度差异，风险容忍度低的债权人最先采取资产保全行动，该行为信息一旦泄露，势必引起舆论的恐慌，为了尽可能地降低自身损失，大家纷纷启动防御工具，这时难以理性地分析何种方案才是真正的合理降低风险，积极性策略无从启动。为了消除这种构建性风险，需要由政府、行业监管者或者主要债权人承担风险控制的主导者角色，构建、传递并扩大“共享的意义”，并将之付诸行动。

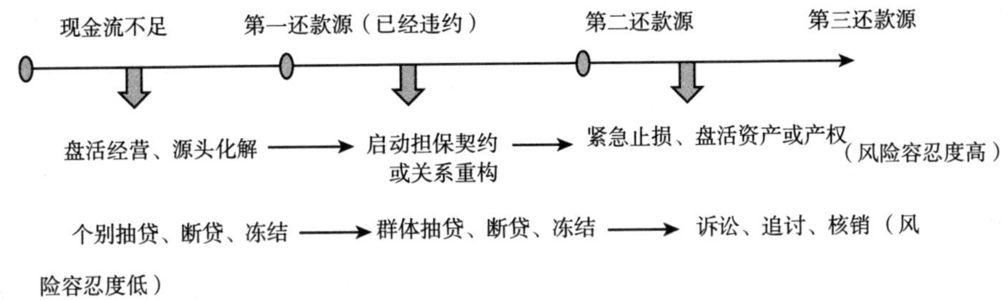

图 6－3　风险容忍度与反应时机

第七章　抵质押风险管控的多案例比较研究

一、抵质押贷款的风险要素

抵质押贷款与保证贷款的最大区别是第二还款源，正如第六章的分析，其风险控制对主体依存性相对较低，其风险控制集中于抵质押物。由于风险要素结构的差异，导致其风险控制成本结构明显区别于保证贷款，具体分析见表7－1。

表7－1　抵质押物风险要素特征与成本驱动比较

风险要素	风险特征	成本驱动
产权风险	与法律环境、契约完备性相关，与相关主体的风险认知与感知相关	产权变更中的协商成本
物理风险	与押品本身的物理特性相关，可控	监控与管理难度
市场风险	与政策等宏观环境相关，不可控	信息采集与专家咨询
变现风险	属于执行风险，客观风险，影响到方案的可执行性	依特定物品而定

1. 产权风险。产权风险是指押品的产权是否清晰，是否存在其他受限制的情景，可能影响其日后的变现，提高押品处置的成本。

2. 物理风险。物理风险是指押品实物丢失或者状态损坏的风险，与抵质押物保管难易程度相关，为防范此风险需要管理者对财产进行定期检查或者看管、查封。

3. 市场风险。市场风险主要是指押品可变现价值的市场波动风险，该风险的特点在于与宏观经济环境或者经济政策息息相关，具有不可控的特点。

需要管理者随时跟踪相关信息，并对未来趋势有一定认知。

4. 变现风险。变现风险是指押品处置时是否容易执行，该风险与抵押物的市场活跃程度、标的物的大小、可拆分性、抵押物坐落位置及周边地理环境相关。

图7－1进一步对抵质押物的风险特性及其具体含义进行了解析。

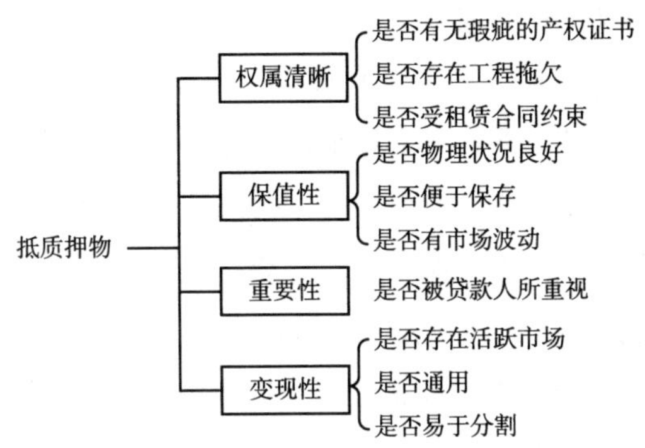

图7－1 抵质押物风险要素示例

二、不同押品的经济含义与风险特征

如表7－2所示，不同押品涉及的经济关系存在差异，执行成本各不相同，隐含的风险要素也不完全一致。因此，银行在进行贷款方式设计时应分门别类统计押品的构成，分析其各种风险要素的集聚特征，预测可能的执行成本，构造合理的押品结构。

表7－2 不同抵质押物的风险集聚特征一览

抵质押物	产权风险	物理风险	市场风险	变现风险
应收账款质押	较小	无	视市场而定	较大
股权质押	较大	无	视市场而定	较大
存货抵质押	较小	较大	较大	适中
不动产抵押	较小	较小	较大	较大

1. 应收账款质押。应收账款质押的实质是供应链保证。应收账款的权力

风险取决于借款企业与其下游客户由于交易而产生的权利义务是否成立，其审核办法是对该交易的支持性文件进行验证，对于与银行长期存在业务往来的客户，对该项权力的核实相对简单；应收账款具有无形化特征，因此，该质押物不存在物理风险；押品的可变现性与借款企业客户的资信能力、经营状况等相关，这意味着银行需要在监控其相关产业风险的同时，还要密切关注债务人状况、信息半径增加。

2. 股权质押。股权质押从实质上来看，不属于抵押而是股东的有限责任担保。与应收账款一样，不具有实物形态，需要关注的风险是与产权风险相关的法律风险和合规风险，目前存在的主要障碍是质押手续办理难，无法有效对抗第三人，需要银行依法保全、及时获得股权抵押首封权。银行在采取该方式时，需要熟悉相关的制度规定，确保程序合法、无瑕疵。

3. 存货抵质押。存货抵质押属于流动资产中的实物资产抵质押，其可切割性好，变现难易与行业发展状况息息相关。其产权风险相对较小，往往不是关注的焦点；物理风险的大小及存货本身的特点有关，通常银行会考虑其耐储存与监管难度选择合适存货。

4. 不动产抵押。固定资产抵押是抵押贷款中最为典型的形式。与流动资产抵质押相比，其优点在于单位价值高，便于企业融通到大额资金。

目前，我国抵质押贷款的风险集聚特征如下所述。

（1）集中于市场风险。从我国小微企业普遍采用的抵质押形式来看，目前集中于房屋、建筑物与土地等不动产抵押，这些押品的变现价值和变现难易与房地产市场的繁荣状况密切相关，是金融风险总体控制的重点。

（2）物理与变现风险相对可控。与流动资产相关的抵质押贷款有所发展而比例较低，物理与变现风险锁定于所在产业，具有较好的分散化特征，但是需要更为丰富的市场信息和更为精准的专业判断能力。在实践中，物理与抵质押品的估值是信贷员最为看重的风险要素，需要现场勘察，监控成本较高。

（3）小微企业产权质押较少，未来拓展空间较大，相关风险较小。由于目前我国产权市场的制度规则尚在建设之中，产权市场标准化、规范化运作亟须加强，目前的产权转移主要依赖政府部门招商引资或者银行日常业务信息来推动，风险尚未显现，未来发展空间较大。

三、抵押贷款典型案例

案例1：M公司是某市高新技术区一家电子产品制造与销售企业，早期发展良好，过于乐观的市场预期导致过高的固定资产投资，进而引起较高的负债和利息负担，经济下行时资金压力加剧，导致企业最终无力开工，偿债能力急剧下降导致本息不能支付。其间，实际控制人为了维持经营举借大量民间贷款。银行在调研的基础上，认定该企业有抢救价值。协同市区政府商议以下三步走的对策：一是区政府主动为企业垫付利息，为后期重组消除障碍；二是利用政府的信息资源，将企业设备租赁出去，使企业正常运转，赢得时间；三是利用招商引资的机会引入战略投资人，经过多次银行、租赁者、投资人、M公司协商，新的投资人进行承债式收购，使风险化解。

案例2：X公司为一家果葡糖浆及配套生产大米蛋白粉的企业，该公司以厂房、土地做抵押，取得两家银行固定资产和流动资产贷款，由于固定资产投资规模过大，占用流动资金，导致新建项目无法投产，随后又向民间投资公司融资，其他银行压缩贷款，导致其资金链断裂，企业资产被查封。银行随后要求处置抵押物，法院要求整体拍卖，虽然押品估值充足，但是由于标的过高，无法处置。该市招商一批产业转移企业，可以通过租赁、购买土地化解。于是在政府、法院、银行、主要债权人的合力推动下，对一部分固定资产进行了出租，一部分则出售处理，化解了部分风险。

案例3：Z公司是一家机械设备制造企业，向银行申请一笔“抵押+保证”贷款，用于厂房开发，保证人为融资类民营担保公司。由于市场原因，公司大量应收账款无法收回，厂房无法销售，清产核资后偿还能力亦十分有限，而担保公司也无力偿还，风险随即转移至银行。银行向法院提起诉讼，针对该担保公司尚存在的14家风险缺口，清收组向借款户和担保公司逐一了解企业的生产经营、财务状况以及现金流情况，建立清收化险台账，采取了“一户一策”策略，或者诉讼保全，或者经营自救，或者协助担保公司和股东清收客户欠款，第三人代偿等，对Z公司借款则进行了处置核销。

案例4：J公司是湖北一家食品加工企业与销售企业，其母公司为江苏M公司，该公司拥有J公司100%的股权，以机械设备抵押、M公司土地和房地产抵押以及M公司全额连带保证组合的方式获取A银行贷款，由于M公司过度投资导致资金链断裂，造成合作银行与合作单位纷纷诉讼保全，公司出现违约，进而导致关联企业资不抵债，申请破产。A银行得知情况及时宣布贷款到期，诉讼保全。由于该公司的土地抵押给了外省某银行，以政府为主导的清算小组随即决定将土地抵押权与江苏某银行的设备抵押权进行对价置换，节约了交易成本，达成了交易。

案例5：D公司是一家小型金属制品制造企业，为了扩大生产能力，以银团贷款的形式获取股权质押贷款，该贷款由F银行牵头，N银行、Z银行参与。由于过度的民间借贷，导致资金链紧张，停止经营。银行以为是老客户，贷后调查不深入，继续授信，导致风险扩大。在风险进一步暴露后，启用股权转让程序，转让过程中受让人发现公司资产已被另外一个债权人C公司查封，由于未能及时向银监会报批，诉讼中D公司诉求未得到支持，以股款偿债的目的未能实现。①

四、案例解析

表7－3对五个案例企业的风险特征及其应对进行了理论归纳。5笔以抵质押为主的贷款中，前面4笔为固定资产抵押贷款，最后一笔为股权质押贷款，从风险特征来看，案例1、案例2、案例3、案例5企业出险的原因是自身经营问题，即第一还款源问题，案例4企业出险是由于母公司出险传导给子公司而出险。虽然同是第一还款源出现资金链断裂风险，但是由于企业的经营状况差异，采取的风险应对是不一样的。

① 案例资料引自：李亚华．风险贷款清收处置实战指南［M］．北京：中国金融出版社，2018.

表 7-3　　抵质押贷款风险特征及应对的多案例比较

案例	风险特征	处置方式及其适用性	处置内容
1. 抵押贷款	第一还款源暂时不足 （贷后风险）	源头化险、分步推进	资产 + 产权
2. 抵押贷款	第一还款源不足，第二还款源充足但无法变现（贷后风险）	标的物太大，拆分处置	资产
3. 抵押 + 保证贷款	第一还款源 + 第二还款源 + 第三还款源均不足； 保证人出险，星状传播 （贷前风险）	打包处理，最小化扩散	关系主体各自的权责，经营与财产情况
4. 抵押贷款	母公司担保、两类风险同源，由关联公司传染 （贷前风险）	最小化交易成本，异地置换	标的资产
5. 质押贷款	对老客户过度信任，银行操作风险（贷中风险）	股权质押	标的股权

案例 1 企业虽然出现了第一还款源问题，但是银行在问诊了企业经营状况后，认为企业既不属于落后产能行业，也不属于“僵尸企业”，而是投资规划不当导致过度投资、过度融资影响企业经营。如果直接采用追讨甚至要求启动破产清算，那么银行的清理难度和成本更大，而且耗费的时间更长。在此背景下，银行风险应对的目标是尽可能充分挖掘现有资产的潜在价值，让资产“活起来”，采取了“减息—出租—招商”三步走的策略，最终化险。

案例 2 企业的风险特征为第一还款源不足、第二还款源充足，但是由于标的物太大无法实际变现，因此，需要在对现有资产的功能、价值判断分析的基础上，构建适当的资产组合，化整为零，最终通过出租或出售完成了以资偿债。

案例 3 企业的风险特征不同于其他几家企业，其债务契约存在先天不足，承担保证责任的保证人资质不足，如此信贷契约在借款人企业出现风险时，第一还款源和第二还款源同时丧失偿债能力，需要启动第三还款源——清产核资。由于债务过多，又没有偿债来源，对该企业只能采取不得已的对策——核销债务。与此同时，由于该企业的保证人出现风险，意味着该保证人的所有保证业务均出现第一、第二还款源同时丧失的情形，风险的扩散路径为星状向外辐射。为了防范风险的进一步扩大，银行需要启动更为谨慎的做法，即对所有该担保公司的客户进行风险评估，一户一策、紧急保全债权，其处置内容更为广泛，包括所有企业的经营状况、债务状况以及主要的权责关系。

案例4企业的贷款方式为母公司保证贷款，此种类型的风险特征为：产权风险与信贷风险同源。本案例企业自身的经营活动并未出现风险，但是其母公司由于过度投资而产生偿债风险，其母公司为其提供关联担保，意味着第二还款源的丧失。由于该关联关系的存在，意味着第一还款源也同时丧失，这是关联担保普遍存在的风险特征。由于该集团公司跨省布局，在清产核资的过程中，可以通过债权银行之间的协商，重新组合对资产的求偿权，本地银行的设备抵押权置换为土地抵押权，使得交易成本最小化，最终顺利化险。

案例5企业的贷款方式不同于前面四家企业，采用的是股权质押，其风险是在贷款过程中出现的，由于是老客户，银行对其风险监控不及时，在已经发生险情的情况下继续为该企业发放贷款，不仅没有及时地采取措施防止风险扩大，反而扩大了风险敞口，在企业债权人已经采取了措施之后才反应过来，本身就处于不利的地位，加之对于股权质押存在不合规的操作使其更加被动，诉讼中居于被动地位，其最终结果不得而知。

五、案例启示

1. 相对于保证贷款，抵质押贷款风险的控制难度相对较小。贷款方式是从第二还款源来定义的，抵质押贷款风险控制难度相对较小，业界通常认为其是一种高保证贷款，体现为以下两个方面：（1）客体风险。与保证贷款更看重关系相关的主体风险不同，单纯的抵质押贷款更倾向于一种客体风险，主体间性而引发的不确定性相对较小，其监控难度较小。（2）信息单一。保证方式下的信息需求包括了更多的主体相关知识、主体经营与财务状况以及更多的社会知识、更多的主体间性、隐含了更大的不确定性。而抵押贷款主要关注点则是物权、保值性与可变现性等相对稳定的有限信息，大大节省了监控成本。

2. 其他押品的发展更加依赖于完善的市场配套。虽然经过了多年的发展，目前我国的押品结构仍然相对集中，以房地产为主的不动产抵押独大的局面没有根本性改观，这样的押品结构不利于宏观上的风险分散。由于近几年房地产市场调控，导致房地产行业持续低迷，依赖抵押贷款的商业银行贷款业务和贷款质量均呈下降趋势。存货、应收账款等流动资产的质押贷款依赖于银行对商品市场有更为准确和更具时效性的信息，而股权质押依赖于产权市场及其相关的信息渠道。银行方面或者通过延伸供应链管理消除变现风险，或者需要多方洽谈，这可能会提高银行的信贷管理成本、协商成本，也对业务员和市场环境提出了更高的要求。

3. 虽然抵押贷款被当作一种高保证贷款，但是对其风险监控不仅仅限于抵押风险要素。五则案例告诉我们，抵押贷款要素只是风险来源之一，还存在多个其他的风险。抵押贷款意味着押品为第二还款源，但是押品并不是第一还款源的“保险”，尤其大部分贷款都是同时使用抵押和保证。案例 3 告诉我们，由于担保关系的存在，可能影响到借款企业的偿债能力，因此，需要密切关注借款人的负债状况以及或有负债的转换概率、偿债顺位，及时采取必要措施止损。案例 4 则是由关联企业引发的，摸清企业投资与被投资关系也是债务契约签订时必须考虑的因素，关联关系的存在意味着风险监控半径的增加。案例 5 是对老客户过度信任而导致贷后管理不到位引发，与贷款方式无关，意味着应关注信息动态，防范固化思维，对于老客户尤为重要。

4. 注意防范抵押贷款中企业的过度投资和银行的过度授信。押品的功能究竟如何，学术界存在两种不同的观点：第一种认为押品具有事前信号传递功能，即敢于向银行提供押品的借款人，往往有着更好的投资机会，换言之，主张由于第二还款源的存在而为第一还款源提供了某种更为“安全”的证据，这就是信号传递功能；第二种认为押品主要功能在于事后的道德风险防范，由于押品可能被处置而丧失所有权，借款人为了避免不希望的结果，会更加努力地配合达到借款合同的各种契约要求，进而减少道德风险问题，这就是风险补偿功能。通过多家出险案例的原因分析，我们发现最为常见的原因是过度投资，尤其是有较为大型的固定资产抵押贷款，银行以为有价值不低的固定资产抵押而“安心放贷”，企业经营者有此后盾也对未来过于乐观，由此引发影响偿债能力的连锁反应，因此，需要信贷决策中更为多元的信息渠道和审慎的放款方案。

5. 押品处置的关键是盘活资产（股权质押除外）。当不得已进入启动第二还款源的环节，抵押贷款的无论是流动资产还是固定资产都是借款企业所在行业必需的生产资料，对信贷管理者的行业或企业经营知识与信息结构有比较高的要求。一方面要准确评价资产的潜在利用价值，另一方面要有广泛的信息来源，寻找合适的承接者，结合债务的具体情况，设计可能的方案，商议采取出租、出售或者售后回租等方式最小化清收损失。结合各自的市场环境，寻求多元化的风险化解方案，是抵押贷款值得探索的方向。

第八章　案例研究：担保圈不良贷款的发生、传递与阻断

——基于××市中心支行的资料与案例分析

社会关系与经济关系相互交织是小微企业经营和融资中的典型特点，可以说，小微企业的再生产不仅是物的再生产，也是社会关系的再生产，二者相互嵌入、相互交织、相互加持，为小微企业的信贷风险带来了更为复杂和多变的成分。吴宝、李正卫（2011）通过案例研究方法，为企业家个人关系网的负面效应提供了实证支持，即企业家个体的社会资本越高，越容易加剧融资风险网络中的企业间风险传染。施其武（2013）通过安徽省银监局的样本调查发现，发生不良贷款的小微企业一半是受关联企业风险传染，而民间借贷、上下游客户影响和企业自身盲目扩张的因素各占10%左右。刘春辉、陆红娟、郭秋霞（2018）也从外部经济环境、银行和企业几方面分析不良贷款成因，同时详细分析了江苏省科技型中小微企业的不良贷款情况，主要形成原因有应收账款坏账、市场状况下滑、互保问题和民间融资等。据××市中心支行统计，在近年××金融风波中，因保证关系传导风险，是金融风险损失扩大化的重要原因。2011年底，××全市企业贷款中，有40%是纯保证方式发放，30%是“抵押+保证”方式发放，68%的银行企业客户涉及保证关系。由此可见，担保圈风险控制应围绕着关系与路径展开。

本章在事实性描绘关联企业关系网络的基础上，选取了有典型价值的A公司和B公司为切入点，前者的风险发生主要基于关联关系，后者的特点在于自身经营良好，而保证关系导致了风险的传染，对两家企业的风险传播路径、风险类别特征进行了分析，对于抽样样本中不包含但在银行报告中出现

的企业也进行了补充。

一、担保圈关系与风险路径的理论分析

担保圈中单个企业的风险可以从企业自身的脆弱性和对其他企业的传染性两个维度观察。自身的脆弱性主要是企业的实际债务水平和经营风险，对其他企业的传染性则依存于本企业与其他企业之间的产业或融资关系，脆弱性与传染性是评价风险积聚的两个重要维度，依此构建的二维分析框架如图 8 - 1 所示。

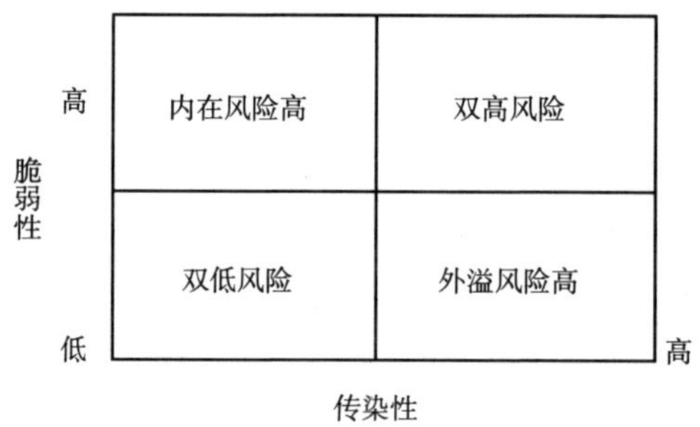

图 8 - 1　担保圈企业风险评价矩阵

银行风险调查报告也印证了此种情形，结合具体案例探究隐性风险的作用路径是非常有必要的。鉴于担保圈信贷风险的复杂性，本章建立如图 8 - 2 所示的“2 + 2 + 2”分析框架：（1）“两流”分析。信贷风险集中表现为资金链断裂风险，但是在复杂的保证关系中，也存在由于风险态度差异而过分解读风险信息而带来的行为上的过度反应引致的风险。（2）“两链”分析。对同一企业而言，需要辨识风险最初是由产业风险而诱发的融资风险，还是自身经营健康，而由对外融资担保关系而引致。（3）“两侧”分析。通常，人们将银行的风险控制视为企业信贷风险的外生变量，但是经过资料分析我们认为，企业信贷风险的来源也可能源于供给侧——银行不当的风险管控策略，即可能发生由于风险控制手段不当而引发的供给侧对需求侧的反向风险析出。

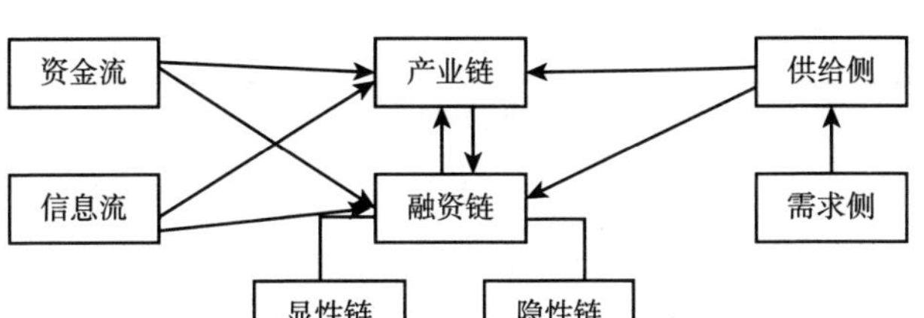

图8－2　保证方式下风险传播的“2＋2＋2”分析框架

表8－1依据其关系类型对风险传播特征进行了理论梳理。企业法人之间保证关系带来的风险扩散路径由此可以分为以下八种：（1）由产业链向融资链扩散；（2）由融资链向产业链扩散；（3）沿产业链延伸；（4）沿融资链扩散；（5）产业链与融资链共同传播；（6）由信息传播引发；（7）由银行不当风险应对引发；（8）社会关系产生的隐性关联。实践中，实际的扩散形态取决于关系的构建，可能存在（1）～（5）不同组合而衍生出并存的风险要素与特征，后面（6）、（7）、（8）三种风险嵌入上述关系中，使得风险衍生出更加多样的形态和更为复杂、多变的风险成分。依据实践中常见的基本保证模式，其传播路径与风险积聚归纳为如表8－1所示的五种情形。互保，指的是不存在产业关系企业之间互相提供保证，风险具有相互叠加的特点，扩大了保证风险；关联担保，指的是企业之间本身就存在产业关联，为上下游关系，关联担保导致产业链与融资链风险相互叠加，并可能由此导致沿产业链的传播；联保，指的是多家企业为同一家企业提供保证，优点在于分散风险，传播路径取决于契约约定或银行的管理策略，若是保证人出现风险则弱化对借款企业的担保能力；核心企业为集群企业提供保证，借款人风险向焦点聚集，核心企业出现风险则对集群企业整体保证能力弱化；链式非关联担保则是沿着融资链的单向传导。

表8－1　保证基本模式、传播路径与风险积聚

关系模式	风险传播路径	风险积聚
互保	双向传播	融资风险叠加
关联担保	双链传播	产融风险叠加，沿链传播
联保	借款人发散传播/保证人焦点传播	风险分散/向焦点集聚

续表

关系模式	风险传播路径	风险积聚
核心企业为集群企业担保	借款人焦点传播/保证人发散式传播	向焦点集聚/由焦点扩散，集群聚集
链式非关联担保	连锁式传播	融资风险单向传导

二、担保圈案例分析

（一）担保圈关系简介

借助于莫雷诺（Moreno）的社群图（sociogram）分析工具，本书将关联企业或个人的保证关系绘制为可视化的社会网络图（如图 8-3 所示）。图中，方框内的是企业，圆形框内的是个人，箭头表示保证关系，箭头指向被保证人，直线表示为关联方，依据其产业关系和借贷关系，该社会网络总共

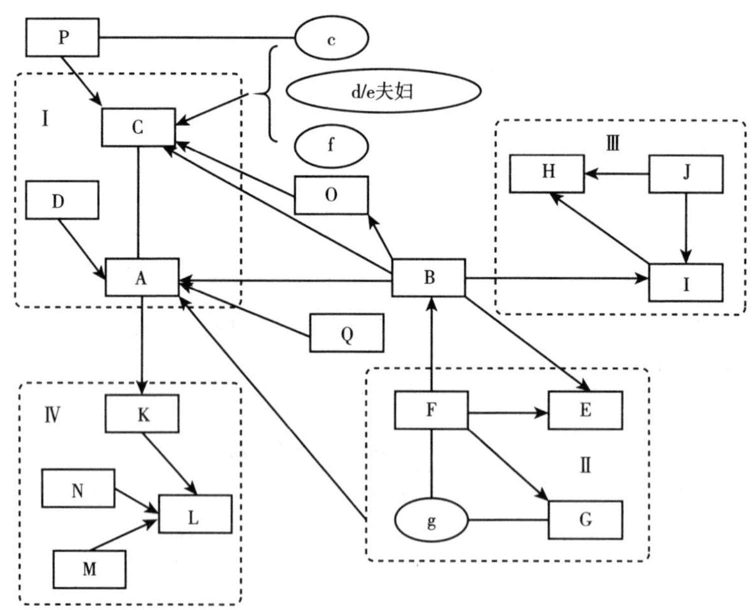

图 8-3　担保圈关系网络示意

涉及 17 家企业和 5 个有无限连带责任的自然人，进一步依据其紧密程度划分为四个子群。在 17 家企业中 9 家企业被出具风险警示报告。

子群Ⅰ由 A、C、D 三家企业构成，三家企业均为建筑相关行业，是实际控制人为同一人的关联企业。A 公司成立于 1998 年，法人代表为 a1，公司注册资本人民币 8000 万元，a1 出资人民币 7042 万元，占 88.025%；a2 出资人民币 847.4 万元，占 10.5925%；其余为法人出资。公司主要承建工业与民用建筑、市政工程等。C 公司成立于 2007 年，注册资本 1000 万元，由 c1 出资 700 万元，占比 70%；c2 出资 300 万元，占比 30%。主要经营：钢结构制造、加工。D 公司成立于 2012 年 8 月 1 日，法定代表人为 d1（实际控制人为 a1），注册资本 1080 万元，实收资本 540 万元，由 A 公司出资 432 万元，占比 80%；C 公司出资 108 万元，占比 20%，属于共同筹建。主要经营：人才公寓建设、房屋租赁。三家企业均被出具风险警示报告。三家关联企业的保证与被保证关系可以合并分析。

子群Ⅱ由 B、E、F、G 四家企业组成。B 公司成立于 2007 年 12 月，法定代表人为 b1，注册资本人民币 2300 万元，其中 b1 出资 2070 万元，占比 90%；b2 出资 230 万元，占比 10%。公司主要经营：建筑用铝型材、工业铝型材、金属门窗、幕墙制造与加工。E 公司与 B 公司为同一投资人。F 公司注册资金 2280 万元，主要投资人与 b1 为兄弟关系，G 为 F 的子公司。其中 B 公司被出具风险警示，但在这之前，据银行描述，B 公司经营生产正常、资本结构合理，在同行业是非常具有竞争力的。B 公司与子群Ⅰ存在产业关联。

子群Ⅲ由 H、I、J 三家公司组成，三家公司由于保证关系形成联系，保证关系如图 8－3 所示。该子群通过 B 与子群Ⅱ关联。

子群Ⅳ由 K、L、M、N 四家公司组成，其关系的形成是源于对 L 的担保、反担保，担保与反担保关系如图 8－3 所示。该子群通过 A 与子群Ⅰ关联。

本圈的主要担保形态：星状、链式。

不难发现，在这样的保证担保关系圈中，B 企业居于核心地位，属于星状担保关系，然后在某一分支上构成线性传播路径。B 企业经济实力最强，衍生出的经济关系最多，在全部的经济关系中以输出型为主——为其他企业提供担保，一旦B企业出现风险，所波及的企业数量最大，多至15家。在这些企业群中，子群Ⅲ和子群Ⅳ属于小微企业。

根据银行出具的风险警示报告，案例中涉及的9家被出具风险警示报告企业在报告当日的债务情况见表8-2。其中，B公司风险最为集中，其风险构成为：正规金融借贷风险+民间借贷隐性风险+对外担保或有负债，借贷额度最大。H企业和I企业虽然贷款额为最小，但是前者存在数额不详的民间借贷，后者存在对H企业的担保50万元，二者旗鼓相当。其中，最为复杂的是A、C、D三家企业，因为属同一控制人，与其存在融资关系的企业难以追踪其资金的实际用途。

表8-2　　风险报告日企业债务情况

企业	贷款余额（万元）	民间借贷	对外担保
A/C/D	14550.69/2732/1800	巨大，数额不详	为K提供500万元担保
L	1690	600万元	
K	2400	无信息	
B	10780	有，数额不详	6700万元，其中为A提供2200万元
F	3784	无信息	3500万元
I	170	无信息	为H提供50万元担保
H	200	有，数额不详	

（二）保证担保关系隐含的风险传播路径

风险路径与保证担保关系逆向而动，由此，产业链风险向担保链延伸，如果担保企业自身的财力不足以应对担保责任，则进一步向下级担保或反担保企业延伸，由于社会关系的嵌入，可能这些企业属于关联企业，其风险无法分散，最终导致担保圈类隐性信贷风险的爆发。由上述的关系图可以看出：(1) 由A及其关联企业形成的子群Ⅰ存在较多的保证人，因此构成了一个主要风险源，可能向所有的保证人传递风险；而由于三家企业是同一个实际控制人，属于紧密的关联关系，任何一家企业的风险都可以视作子群的风险；

(2) 由 B、E、F、G 四家企业组成的子群Ⅱ，由于向子群Ⅰ及其他企业提供了多笔担保，是主要的风险受体；那么上述企业之间由于投资关系或者担保关系导致担保类的隐性风险存在表 8-3 中可能的传播路径。

表 8-3　可能的风险传播路径

路径	直接的风险节点	关系类别
1	L—N√	担保、反担保
	K—A	担保、反担保
	A—B	担保
	L—K—A（C、D）—O—B√	担保、关联企业
2	E—B—F—G	关联企业
3	H—I—B√	担保
4	J—I—B*	担保、反担保

注：* 由于 J 同时向 H、I 提供保证担保，H 发生风险可能连带 J，影响其对 I 的保证担保能力，进而波及 B。

"√"为风险的实际发生路径。

（三）风险的实际发生与传播

根据企业关系网络图可以看到，实际上存在几个明显的风险集群，通过分析这几个风险集群中存在的隐性风险引起什么后果，是否有向外进行传递的危险，可以更好地了解小微企业的隐性风险机制。因此，本书以几大风险集群为主体，按照时间顺序进行分析。依据风险发生的时序，总结出风险传播路径如下。

风险源 1：H。风险报告中指出，H 公司由于盲目投资，亏损严重，而且存在较多社会融资，融资成本过高，资金周转困难。

传导路径：H—I—B。2014 年 4 月，H 公司经营出现重大问题，处于半关停状态，使得 200 万元银行贷款形成重大信贷风险，其中 150 万元由 J 保证，50 万元由 I 保证，银行为确保贷款回收，要求担保方代偿。J 由于经营良好，资金充足，在代偿 150 万元以后，并没有受到重大影响。但 I 的情况和 J 相比则完全不同，由于受到宏观环境和自身管理水平的影响，I 公司在

2014 年 4 月前都处于较大亏损的状态，此时被要求代偿 H 的 50 万元贷款，资金链断裂，导致其自身的 170 万元贷款也形成了重大信贷风险。2014 年 5 月，I 自身的 170 万元贷款到期，由于无法偿还，银行只能要求担保方代偿，其中 100 万元由担保公司保证，70 万元由 B 保证。

这条传导路径中，I 由于自身是一个微型企业，虽然对外担保数额并不巨大，但在自身存在经营风险的情况下，抗风险能力弱，由于担保传播过来的隐性风险很容易导致资金链断裂，而同样受到波及的 B 由于资金雄厚，在这一轮的风险中并未受到影响。

风险源 2：L。L 公司自身存在的风险点较多。首先，其被拖欠工程款达 2000 多万元，同时进行盲目投资，投标外地市政工程，被骗工程保证金 500 多万元，造成资金短缺。其次，其法定代表人通过民间借贷进行融资，欠下民间高利贷 600 万元后出逃躲债，这属于忽视对个人信息调查形成的个人类隐性风险。

传导路径：L—N；L—K—A。2015 年 7 月，L 公司无法正常经营，其法定代表人为躲避高利贷追讨而出逃，导致 L 公司 1690 万元贷款形成重大信贷风险。其中 840 万元由担保公司担保，650 万元为房产抵押，200 万元由 N 公司保证，而在担保公司担保的 840 万元中，有 250 万元由 K 公司反担保。N 的法定代表人通过民间借贷代偿了 200 万元的不良贷款，但在 2015 年底为了躲避债务出逃，企业也处于关停状态。K 则由于对 L 的 250 万元贷款反担保，于 2015 年 11 月被担保公司起诉，银行冻结了企业账户，导致企业无法正常运营，再加上应收账款一时无法收回，使得 K 的 2400 万元贷款形成了重大信用风险，其中有 500 万元由 A 保证。这是风险子群Ⅳ的风险传导结果，L 将风险传递给了 N 和 K，导致 N、K 均出现了重大信贷风险，并最终由 K 传递给了 A。

风险源 3：A。A 公司也存在两个风险点。第一，宏观经济形势不佳以及公司管理跟不上导致资不抵债；第二，法定代表人爱赌博。

传导路径：A—B，传播模式为风险叠加："产业链" + "担保链" + "社会链"。2015 年 12 月，A 公司严重资不抵债，与政府协商后进行重组，但 2016 年 5 月，由于法定代表人后悔，重组失败，企业进入破产清算阶段，其

2690万元贷款形成重大信用风险，并导致关联企业C和D的2732万元和1782万元贷款也形成重大信用风险。其中，B为C提供了500万元的保证，为A提供了2200万元的保证，占到了整个关联方贷款比例的37.47%。由于不良贷款数额较大，银行为了保证还款能力，要求追加三个自然人和O公司的保证，但三个自然人中有一人就是B的法定代表人b1，O的追加担保也由B反担保，因此追加担保不仅没有减少B的还款压力，反而增加了B的还款负担。与超过2700万元的贷款保证形成对比的是，2015年B公司净利润为1102.5万元。最终，2016年10月，由于代偿不良贷款的金额过大，自身经营良好的B也由于资金周转困难而形成重大信用风险。

由上述分析可以看到，案例中直接将风险传递给B的风险集群有两个，分别为子群Ⅰ和子群Ⅲ，子群Ⅳ则将风险传递给了子群Ⅰ，进而间接传递给了B公司。子群Ⅲ中，H由于自身的隐性风险暴露，并通过保证担保关系将风险传递给了I公司，I则将风险传递给了B。子群Ⅳ中，L由于自身的隐性风险暴露，并通过保证担保关系将风险传递给了N和K，而K再传递给了子群Ⅰ中的A。A由于自身存在的问题以及被K传递的风险，最终破产，并由于关联关系，导致C和D也出现重大信用风险，并传递给了B公司。

银行对B公司的风险提示函是这样描述的：

截至2016年10月20日B公司全部金融机构贷款余额为10780万元，全部对外担保6700万元。在我社总授信2500万元，其中贷款授信2500万元，当前贷款余额2500万元，其中生产设备抵押1200万元，瑞安WNS针织制衣有限公司保证800万元，浙江HJJ绢纺有限公司保证500万元。他行贷款8280万元。

2016年7月19日，因B公司法定代表人由原来的张××变更为李××，我社于2016年9月13日上报授信变更，授信期限为2016年9月13日到2017年9月12日，授信总额2500万元，其中1200万元为生产设备抵押，1300万元为保证，其中：瑞安WNS针织制衣有限公司保证800万元，浙江HJJ绢纺有限公司保证500万元，要求周转后的贷款由李××的个人连带责任保证，保证金额2500万元，保证期限为2016年9月1日至2018年12月31日。联社于9月20日审批通过，并要求“必须同时追加实际控制人张××夫妻连带保证”。张××已于2016年9月29日签了保证函，保证金额2500万元，保证期限为2015年10月22日至2018年12月31日。同时通知其妻孙××也要签，张××表示他老婆决不会签的。

据张××口述，孙××因现有17件经济纠纷和2次意外经历造成不愿再签，2次意外经历，一次是到北京旅游时她使用的银行卡被冻结，无法支付；另一次因她驾驶汽车在嘉兴街上被小贷公司人员强行从车上拉出，汽车被强行开走，对她心理打击很大，担心因浙江MLH铝业有限公司债务再次牵连其本人而不愿意签保证函。

因最近一笔贷款于2016年10月21日到期，到期金额200万元，我社客户经理姚××分别于10月8日、10月17日两次去B公司张××办公室，动员张××做孙××工作，进行贷款到期的口头通知，并要求签好保证函，周转好贷款。张××说，如果强行叫老婆签了，万一老婆上吊自杀了怎么办。最终还是未签好。张××提出的理由是：他认为之前与联社协商落实平移贷款1680万元时只提到B公司等几家协助平移贷款企业和个人的贷款利率优惠，而未提及要求张××夫妻签保证函。10月17日张××约律师准备好材料，交政府有关人员，请求政府部门帮助协调，并提出如YT信用社未同意到期贷款周转的，将停止本月信用社的利息支付，其2500万元贷款将不再周转，要求会计金××通知其他有贷款银行停止贷款周转。期间10月13日张××到信用社主任办公室协商上述事项。10月20日，客户经理杨××再次到B公司进行贷款到期的书面催收，由于张××出差，会计金××说以后所有盖章要老板同意后才能盖，未在贷款催收通知上盖章签字。

张××已不是B公司法定代表人、股东，张××、孙××未担任该公司任何职务，但意见表示对B公司而言还是有一定影响的，所以联社要求是正确的。但是，企业提出无理要求，致使贷款未能进行正常周转，造成贷款资金2500万元即将形成呆滞，本金、利息无法全额收回的可能性增大。[1]

---

① 引自××银行《××公司重大风险报告》。

三、案例启示：担保贷款中风险的“源”“流”关系

通过分析和总结可以发现，在本案例中，仅由于自身隐性风险导致不良贷款产生的企业一共有 2 家，分别为 L 和 H，仅由于担保圈类隐性风险传递产生不良贷款的企业有 1 家，为 B，同时存在自身隐性风险和担保圈类风险而导致不良贷款产生的企业一共有 5 家，其余企业虽然没有形成重大信用风险，但经营状况或多或少会受到担保圈类风险传递的影响。进一步观察其风险扩散特征，不难发现本案例风险的源流关系，结合其他几起担保违约案例可能的源流关系，得出以下启示。

（1）较为典型的源流关系是产业链风险为“源”，融资链风险为“流”。虽然道德风险是小微企业信贷风险中须着力防范的风险，但是，业主道德风险——“逃废债”的动机往往是发生财务危机时产生，借贷之初便以虚假用途骗取信贷资金的情形并不常见。信贷风险通常的起源是产业链的商业信用风险，最常见的原因是市场未能按照预期发展，或者买方企业未能如约付款，导致卖方企业资金链紧张，无法正常开工和完成各种日常支付，企业为了避免暴露而陷入更加被动的局面，往往会通过私人渠道筹措资金以缓解危机，当危机进一步暴露时进而被债权银行追讨债务。因此，不少企业在银行发出风险预警时被发现还有其他民间借贷，这也暗示了供应链金融可能的风险。第一还款源是风险管控的首要因素。

（2）风险源的交互性与重叠性，使得源与流可能相互强化。A 公司既是风险传播者，也是风险接受者。关系结构决定了风险积聚。小微企业之间由于社会关系、产业关系、关联关系等形成的密集关系圈内担保代偿贷款的后果常常较为严重。在小微企业底子薄、资金链吃紧的背景下，无论优质还是劣质企业都普遍积累了超负荷担保，形成隐性风险在担保圈内积累，并且风险会随着担保圈持续蔓延下去，导致风险无法分散，影响范围逐渐扩大。区块化的不良贷款产生，甚至会致使一些本身很优质的小微企业也出现经营困难，这种隐蔽性和复杂性的担保关系圈对于银行来讲是很难发现但必须引起

重视，银行只有一层一层理清担保圈内的关系，区分各小微企业的保证责任，将复杂链强制切割，化大圈为小圈，才能斩断隐性风险悄然传播不断累积的途径。

(3）对于小微企业而言，业主的个人品质构成了可能的风险源，而在有些情形下则是风险的“流”。小微企业融资与经营特点在于社会关系、产业关系与担保关系的相互嵌入，业主自身的人品、行事作风是小微企业的更为根本的风险源。在本案例中企业B与企业F的实际控制人为兄弟关系，由于社会关系或者投资关系导致企业之间存在显性或者隐性的关联，而担保关系又依附于上述关系，两链风险如何相互交织、互动共生取决于其间复杂的结构关系与权责配置。在有些担保风险案例中发生了老客户道德风险问题，说明当投资失败带来的风险超出个人承担能力时，可能诱发道德风险行为，这意味着债权人需要随时关注可能诱发业主道德风险的因素，不能因为是老客户而放松警惕。

(4）担保人违约导致风险星状传播。由于我国服务于资本市场的中介组织也是在不断的建立健全中，担保与信用评级机构也经历了从无到有的过程。担保机构自身存在一些典型问题，而导致其向被担保人形成星状传播。

四、基于传染病模型的担保圈风险化解策略分析

担保圈信贷风险具有严重性和复杂性的特点，承债主体之间风险具有关联互动性特征，因此，担保圈风险化解需要从总体上把握担保圈治理的主体范围、精准了解不同承债主体的风险特征、预测风险传播与扩散路径，从整体上设计债务风险应对策略，拆圈解链化解风险。如前面所述，企业的信贷风险来源可能不是由于自身经营而产生，而是担保或产业链关系带来的外源风险。当风险事项发生时，担保圈中的企业可能存在三种状态：一是由于担保关系的存在而成为可能的被感染者，即易感者，但是尚未发生实质性风险事项；二是由于担保关系的影响使得本企业财务状况迅速恶化，发生了本息不能如约支付的事项；三是退出担保圈易感群体。可能是由于行之有效的化

解策略使得企业有了“免疫力”而脱离易感群体，也可能被判定为没有抢救价值而放弃，由于担保圈中的企业状态类似于传染病流行时的状态切换，因此，本部分借鉴传染病模型对风险化解策略做出学理解释。假定不考虑修复的企业再次被感染的问题，依据可能存在的状态切换，担保圈风险转移适用于 SIR 传染病模型，如图 8 -4 所示。

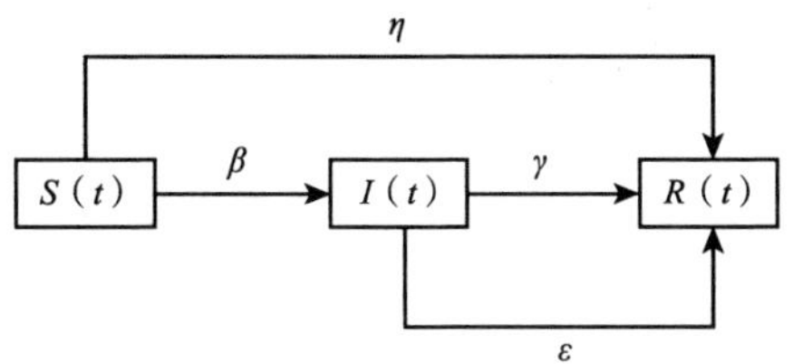

图 8 -4 SIR 传染病模型

设定 1：观察期内担保圈内企业的数量是确定的 N。

如前所述，依据企业的风险状态将企业分为风险暴露企业、风险感染企业和风险修复企业或者破产清算企业，企业数量随着时间而变迁，其所占比例分别记为 $S(t)$、$I(t)$、$R(t)$，且满足 $S(t)+I(t)+R(t)=1$。

设定 2：变迁系数设定。假定风险暴露企业单位时间有效传染的企业数为 β，单位时间内退出率为 $\gamma+\varepsilon$，则 $1/\beta$ 为平均每家企业的平均感染期（从接触到感染），每家企业平均传染期（从感染到死亡或修复）为 $1/(\gamma+\varepsilon)$，η 为单位时间直接将易感者变为免疫者的比率，ε 为单位时间感染后死亡的企业比率。传染期的退出为 γ/β，即 β 为风险感染系数、γ 为风险修复系数、η 为风险免疫系数、ε 为破产（死亡）系数。依据图式，建立以下方程组：

$$\begin{cases} \mathrm{d}S/\mathrm{d}t=-\beta S(t)I(t)-\eta s(t) \\ \mathrm{d}I/\mathrm{d}t=\beta S(t)I(t)-\gamma I(t)-\varepsilon I(t) \\ \mathrm{d}R/\mathrm{d}t=\eta S(t)+\gamma I(t)+\varepsilon I(t) \end{cases}$$

为防止风险扩散，要求最小化增加的感染者和最小化易感群体。

令 $\mathrm{d}I/\mathrm{d}t=\beta S(t)I(t)-\gamma I(t)-\varepsilon I(t)=0$，$\mathrm{d}S/\mathrm{d}t=-\beta S(t)I(t)-\eta s(t)=0$，由 $S(t)+I(t)+R(t)=1$ 可知 $R(t)=1-S(t)-I(t)$。

解之得：$S_1=(\gamma+\varepsilon)/\beta, I_1=-\eta/\beta$；（$S_2=0$，$I_2=0$ 略去）

其含义分别为感染期的平均被传染数和感染期的平均直接移出数。

$(\gamma+\varepsilon)/\beta$、$-\eta/\beta$ 为风险扩散的阈值，阈值范围越宽，意味着易感者数量越不容易达到，风险越不容易扩散；据此推断，可以通过扩大阈值减少风险扩散。包括四种途径：降低感染系数 β；增加修复系数 γ 或者破产系数 ε；减少易感群体 S；增加直接免疫系数 η 实现。具体到担保圈信贷风险的措施，可以单独或者混合采用源头控制策略、风险阻断策略、风险隔离策略、风险弱化策略、风险缓释策略。

（1）减少易感群体 S，从源头化解。无论采取何种策略，首要的一点是对担保圈主体的风险状况有精准的认知，区分企业属于何种风险状况以及可能的迁移路线。在风险事项发生时，银行为了尽可能地弥补损失，往往会首先寻找偿债能力较强的优质企业入手，从整个担保圈来看这种做法是不利的。如果选择了优质的企业作为首个追债对象，使得其逐步演变为感染企业，进而走向破产清算的边缘，其结果是从整个担保圈来看，意味着 $I(t)$ 提高，提高了整个担保圈达到阈值的难度，担保圈总体风险上升。比如以抵押替代保证，减少易感群体数量，从源头上消除风险。

（2）降低感染系数 β，切断感染路径。风险感染系数 β 的大小取决于两个因素：一是风险等级，风险等级越高，β 越大；二是企业间利害关系。责任（利益）关系越大，β 越大。对于风险暴露企业，应实时监控其风险状况，当财务状况开始恶化时，应采取积极措施为企业经营出谋划策尽快缓解危机，避免发生实质性违约。具体做法有：①调整期限结构，结合企业的现金流安排还款计划；②压缩风险敞口；③采用置换有实力的保证人等策略化解风险；④合理设计一般保证责任与连带保证责任的结构比例，也有益于防止风险的过度扩散。

（3）增加修复系数 γ 或者破产系数 ε，限制可能的扩散。对于已经被感染而形成实质性违约的企业，如果属于暂时性经营困难，应视企业具体情况采取让利盘活、保全展期、增贷化险、债务重组等积极性对策，帮助企业恢复经营活力。对于风险较大、没有抢救价值的企业采取隔离或单独依法追偿，不连带企业，进而从整体上保证担保圈风险不扩散。

（4）增加直接免疫系数 η，确保担保圈整体经济活力。在明晰担保圈中企业的关联关系的基础上，进行单元拆分，对于风险较为严重、没有抢救价值的企业，单独追偿，在追究其实际控制人、关联企业、股东等相关责任的基础上，再追偿其他企业，尽可能避免风险扩散。对于担保圈中的优质企业，应采用差异化策略，优先对优质企业代偿或者有条件退保，消除其被感染的可能性。

五、进一步讨论：担保圈信贷风险控制的内生性特征

长期以来，小微企业信贷风险控制的实证研究关注企业以及企业主的相关信息，贷款方式视作信贷风险的外生变量，而从国内外发展的实践来看，小微企业信贷风险有时也内生于贷款方式，即由于风险控制不当引发的信贷风险也不在少数。通过银监会监控报告的解读，我们发现有时候为了风险最小化的举措，结果适得其反，具体存在以下风险。

1. 肥羊效应风险。即在风险事项发生之后，追责的顺位上，优先选择偿债能力强的企业，以尽可能地减少损失，其结果是使尚有经营活力的企业成为风险感染企业而逐渐失去活力。如果所有的银行都采用此种策略，其结果必然是使本区域的企业失去活力，经济发展陷入停滞或者后退。

2. 过度加固风险。银行为控制贷款风险，较为常见的做法是要求客户提供多重保证，一笔贷款有多个保证人，连带保证总额是贷款额的多倍。实践中，有时候会适得其反，其一是债务人不能履约时，银行可起诉任何一个保证人，产生风险放大的效应；其二是过多的保证加剧责任人的不安全感，“逃废债”动机反而越强，进而诱发其采取道德风险行为，在责任人没有真实还款意愿的前提下尤其如此。其结果是与风险控制目标背道而驰，因此，“加固”还是“松绑”，何种程度上加固也是一个需要适当权衡的问题。

3. 标签化授信风险。为了引导银行信贷资源的合理配置，政府部门会相应出台一系列的本地发展规划与优惠性政策，这些都是资金流向的重要风向标。银行为了控制信贷风险也会给出一些风险警示信号标识，这些标识成为信贷资金投向的负面清单。但是，需要银行正确地解读信息，这些信息都是给银行授信提供的参考，银行在针对每一家客户授信时必须结合企业的具体

资源结构与市场地位等预测信贷风险，避免跟风发放信贷而导致对企业过度授信、盲目投资，为未来信贷资金安全性埋下隐患。

4. 主体认知风险。在担保圈风险中较为突出的风险之一是保证人缺乏真实的代偿意愿。签订契约前信贷员有责任向保证人详细说明保证合同隐含的义务与代偿风险，切实了解保证人对风险的认识与保证意愿，获取保证人签名确认的风险提示函。保证风险提示函有助于保证人重新审视自身的保证责任，在此基础上得到的保证意愿与真实的保证意愿更为接近，可以起到事前预防风险的功效，也大大节约了日后的协调成本。

5. 制度性风险。虽然在形式上不少银行启用了“尽职免责、失职问责”条款，但是，在实践中由于问责不当或者信贷员为了逃避责任而采取从众心理，属于银行内部的激励约束制度引发的系统性风险。《中华人民共和国担保法》第 16 条规定，保证的方式有一般保证和连带责任保证。第 19 条规定，当事人对保证方式没有约定或者约定不明确的，按照连带责任保证承担保证责任。可见，我国对保证方式采取的是以连带保证为原则，以一般保证为例外，侧重于保护债权人的利益。保证的无偿性、单务性决定了保证人处于不利的地位，保证人与债权人之间的权利义务并不对等。不当的制度设置不仅不利于风险防范，反而更容易引发风险的扩散。

第九章 隐性风险、贷款方式与不良贷款实证研究

一、不良贷款与隐性风险界定

（一）不良贷款的界定

1. 国际标准。

目前，国际上对于不良贷款的界定标准还没有统一，从监管角度看，2016年巴塞尔委员会发布的《问题资产的审慎处理要求——不良资产风险暴露的定义和容忍度指引》中，将出现逾期90天以上的重大风险的情形定义为不良贷款，而一些国家则将受到损失的贷款认定为不良贷款。实际上，绝大多数国家、国际货币基金组织、经济合作与发展组织等都采用以美国为代表的分类标准，按照贷款风险程度和还款可能性分为由好到差的五级，其中三到五级属于不良贷款。

2. 国内标准。

1998年以前，我国的银行贷款被分为四类，其中“一逾两呆”这三类被视为不良贷款，主要包括逾期、逾期1年以上的呆滞贷款和无法收回的呆账贷款。1998年，我国开始采用以贷款风险为基础的五级分类方法对银行贷款进行分类。2003年银监会成立，并于2007年发布最新的《贷款风险分类指引》并沿用至今，其中后三类合称为不良贷款，与国际上银行贷款风险分类标准的比较见表9－1。

表 9－1　　　　国际与国内对银行贷款风险分类标准比较

国际公认标准	中国银监会标准	监管含义
一级：标准、正常、普通、非逾期、非逾期非减值、逾期但未减值贷款	正常：借款人能够履行合同，没有足够理由怀疑贷款本息不能按时足额偿还的贷款	实时监控风险因子，非实质性风险
二级：关注、逾期、非违约贷款	关注：尽管借款人目前有能力偿还贷款本息，但存在一些可能对偿还本息产生不利影响因素的贷款	逾期，风险因子已经显现
三级：次级、减值、重组、问题贷款	次级：借款人的还款能力出现明显问题，完全依靠其正常营业收入无法足额偿还贷款本息，即使执行担保，也可能会造成一定损失的贷款	已经由隐性转化为显性，出现以其正常经营现金流未能及时足额偿还或支付本息问题。 关注其他还款源、第二还款源，如抵押品的价值波动
四级：可疑贷款	可疑：借款人无法足额偿还贷款本息，即使执行担保，也肯定要造成较大损失的贷款	无论第一还款源还是第二还款源都无法避免损失，关注点在于如何尽可能地获得补偿
五级：损失、违约、核销贷款	损失：采取所有可能的措施或一切必要的法律程序之后，本息仍然无法收回，或只能收回极少部分的贷款	所有的还款源都无法补偿，确认损失

可以看出，我国的银行贷款风险分类以及对不良贷款的界定标准与国际上的监管标准几乎是一致的，这样的分类标准表明不良贷款是相对于正常贷款来说的，只有预期贷款本息会有损失才被划分为不良贷款。因此，对贷款本息是否有损失的预期是随着企业经营状况显示出的风险程度而变动的，银行要控制不良贷款的范围便可以从这两方面下手：第一，针对企业具体的风险点采取应对措施；第二，预期损失不代表确定发生损失，通过外部的风险缓释机制可以在一定程度上减少不良贷款劣变为实际损失的金额。

不良贷款的认定如图 9－1 所示。由于不同等级的不良贷款确认时点上存在差异，便形成了潜在不良率、实际不良率、预期损失率和实际损失率。如果风险信号在贷款尚未到期已经传递出来，该项贷款属于潜在不良贷款，银行应紧盯其风险演化；如果已经逾期，则视逾期的时间长短确定其可能的损失程度，如果逾期时间不超过 90 天，逾期无损失则不视为不良贷款；如果已经转为不良贷款，则需要估计可回收贷款，估计预期损失率，并尽可能地利用补偿渠道，降低实际损失率。不同的不良贷款认定实践意义在于，评价的是单个还是总体涉及信贷员的考评、银行风险控制、银监会行业管理。但值得注意的是，由于资金借贷是跨时交易，在资金移交的同时风险已经存在，实际中可能存在尚未到期的借款已经有了比较明确的风险信号，也应视为不良贷款。

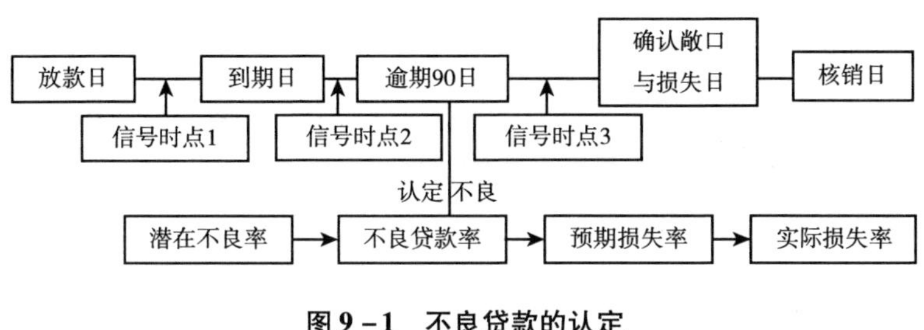

图 9－1　不良贷款的认定

（二）小微企业隐性信贷风险的界定

1. 小微企业隐性信贷风险的概念。

早在 1958 年，英国哲学家迈克尔·波兰尼（Michael Polanyi）提出在做某事的行动中“未被表述的知识”是一种隐性知识，是我们知道的比能表达的信息多出的那部分，它植根于行为本身和个人头脑中，难以规范化和被明确表达。这是隐性部分的信息被提出研究的开端，后来也有学者沿用“知道的比表达的多”这一理念并应用于各个领域。近年来，随着对关系型贷款理论中软信息有利于解决中小企业融资难问题的深入研究，逐渐有学者开始关注银行对中小企业信贷风险管理中的隐性信贷风险，目前对于隐性信贷风险的研究中并没有一个公认的界定。根据信息不对称理论，形成信贷风险的根源是银行不能全面掌握贷款企业的信息，因此本书将由于银行没有掌握企业软信息部分而形成的潜在信贷风险定义为隐性信贷风险，是银行在评估企业风险时难以直接量化、验证和传递的、会影响银行收回贷款本息的潜在信贷风险。表 9－2 概括了以下五个特点来区别小微企业的隐性和显性信贷风险。

表 9-2　　　　　　隐性信贷风险和显性信贷风险特征比较

信息特点	隐性信贷风险	显性信贷风险
信息传递方式	口头、意会	量化、数值
信息采集方式	隐蔽、主观	明确、客观
信息完整度	缺损、失真	无损、完整
信息被证实度	抽象、动态	事实、稳定
信息作用验证性	后验、延迟暴露	先知、清晰明了

第一，企业信息的传递方式。根据信息的不同表现形式，其传递方式也有很大差异。大多数情况下银行主要依据可量化计算表达的企业财务信息来评估信贷风险，而隐性信贷风险主要经过口头甚至意会形式传递。由于传递较为困难，信息表达方式不突出，银行往往容易在调查过程中忽视这类隐性信息，造成对企业信贷风险的评估偏差。

第二，企业信息的采集方式。目前银行调查贷款客户的经营状况时对硬信息已经有一套完善的采集标准，不同的信息采集人员都有明确共同的采集目标和方向，尤其是在如今互联网普及的环境下，硬信息的采集已经十分系统和便利了。但即使拥有先进的智能化设备也很难采集到完整的软信息，因为软信息的采集依赖采集人员和信息生产者之间直接或间接的交流，主要靠人工亲力亲为深入挖掘才能获得有效的、隐蔽的软信息来判断信贷风险，采集成本较高。

第三，企业信息的完整度。就企业软信息来说，目前还没有一套统一的范围明细和评价标准，因此从信息采集者到信息使用者对同一信息的理解可能是不同的，经过采集到使用的传递过程，不同的理解方式会使信息出现缺损，很难得到完整真实的原始信息，最后企业的隐性信贷风险更加难以确定。而显性信贷风险有已经被公认的各种评价指标和方法，采集的标准信息可以得到充分利用，以此来准确评估显性信贷风险大小。

第四，企业信息的被证实度。企业财务信息等硬信息具有客观真实的规定标准，体现了企业可为人知的事实，但隐性信贷风险包含的信息只有信息生产者能够知道和发现其真实含义，而且由于这类信息较为抽象，也只有信息生产者能够把控信息动态，外人并不容易知晓和证实其内涵，银行获取后主要也只能自行判断。

第五，企业信息的作用验证性。不同的企业信息对显示企业隐性或显性信贷风险的作用不同，硬信息可以清楚地反映企业经营状况和风险要点，看到什么样的硬信息就决定了企业相应的信贷风险，这是硬信息对体现和验证显性信贷风险发挥的作用。而软信息在采集后对企业会产生什么影响，后果并不明确，只有在企业动态的经营过程中才能验证软信息的后果如何，软信息作用的验证时间不明和验证程度不强导致银行面对的隐性信贷风险常常延迟暴露，一旦软信息作用下形成的隐性风险暴露，银行往往后知后觉，难以做好防范工作，破坏性大。

2. 小微企业隐性信贷风险的分类。

按照隐蔽信息的来源，将小微企业隐性信贷风险分为内部来源与外部来源两种。

对于内部来源的小微企业隐性信贷风险，大致分为两种：一种是关于借款方的个人信息；另一种是关于企业经营行为的信息。第一，借款方个人信息。个人信息主要指借款方的企业家个人管理能力、行为道德、风险偏好、身体素质等方面的信息，它一般只被个人日常生活范围内的家人朋友、同学同事、左邻右舍等熟人所了解，陌生人很难掌握，因此对于银行这个“陌生人”来说，需要付出较多精力和较高成本才能发现个人信息，属于个人类隐性信贷风险。第二，企业经营行为信息。对于小微企业这个特殊群体来说，它能提供的规范的企业经营行为信息十分有限，银行难以直接观测到企业的不利经营行为，信贷员只能从侧面获取类似信息来排查企业经营隐患。因此，企业隐蔽从事的不利经营行为也属于小微企业特有的企业类隐性信贷风险。

外部来源的小微企业隐性信贷风险，是在小微企业信贷风险中，除了与其自身有关以外的，产生于小微企业与外部对象互动过程中的风险。这部分来源于外部会形成隐性信贷风险的信息也主要包括两种：一种是企业与企业之间的关系信息；另一种是企业与宏观环境之间的关系信息。

企业与企业之间的关系信息主要指企业互保、联保、人情担保等信息。互保是指 A 与 B 两个企业互相为对方提供担保。联保是指两个以上的企业之间共同担保，各方承担连带责任。人情担保是指中国社会出于私人感情提供的担保。由于小微企业贷款能提供的抵押品不足，相比之下保证方式占比大，而小微企业的组织关系复杂且不透明，银行不可能一一查清，最后贷出的资金去向不明，在担保圈子内集中大量信贷风险，一旦其中有一家企业发生问题，整个担保圈内的企业状况都会受影响，形成银行难以提前发现的担保圈类隐性信贷风险。

企业与宏观环境之间的关系信息主要指小微企业所处行业及整体宏观环境波动时，企业的应对能力和受影响程度等信息。通常情况下，银行提供资金不会有行业歧视，大型企业应对经济波动也自有一套调整机制，但小微企业应对突发情况的实力普遍不强，宏观经济形势的波动对企业影响程度的大小也难以预测。因此，银行如果不能掌控小微企业应对外部环境变化的能力大小，则难以控制因小微企业应变能力不明形成的外部环境类隐性信贷风险。

3. 小微企业隐性信贷风险的常规判断。

表9－3是依据文本分析列出隐性风险的文字描述。银行出具的信贷风险报告文件中常见的、能够表明企业存在隐性信贷风险信息的文字提示主要有以下描述，可用于有关小微企业隐性信贷风险类别的判断。

表9－3　　典型的隐性风险文字描述

<table>
<tr><th>关于隐性风险的典型描述</th><th>隐性信贷风险类别</th></tr>
<tr><td>借款人学历虽高但经验不足，不精明，做人要面子，个性强，做事毛糙</td><td rowspan="6">个人性格能力、行为道德的隐性风险</td></tr>
<tr><td>法定代表人欠高利贷并躲债赖账</td></tr>
<tr><td>法人代表及其配偶、子女盲目共同对外担保</td></tr>
<tr><td>经营者离婚/夫妻关系不和，影响经营</td></tr>
<tr><td>法人代表参与赌博/炒期货亏损，外逃失去联系</td></tr>
<tr><td>业主因品行不端而被刑事拘留/因酒驾被收押</td></tr>
<tr><td>企业发生不明原因的重大火灾</td><td rowspan="3">企业不利经营行为的隐性风险</td></tr>
<tr><td>企业向社会借高利贷涉及纠纷</td></tr>
<tr><td>企业偷税事后被起诉</td></tr>
<tr><td>企业为个人及单位提供担保代偿，影响资金周转</td><td rowspan="4">企业之间担保圈混乱的隐性风险</td></tr>
<tr><td>企业涉及担保或经济纠纷被起诉</td></tr>
<tr><td>保证人底子薄弱</td></tr>
<tr><td>担保企业也是借款人</td></tr>
</table>

续表

关于隐性风险的典型描述	隐性信贷风险类别
宏观经济形势不佳，企业管理跟不上	应对外部环境变化能力不足的隐性风险
经济危机影响，行业低谷，市场低迷	
环保新政策出台经营受限	

二、理论分析与假设的提出

奈特（Knight，2013）在《风险、不确定性和利润》中指出：世界上充满不确定性，其中一部分人会努力获取信息寻找获利的机会，而他们会比其他人得到更多与获利机会有关的信息。这可以看作市场中信息不对称观点的萌芽。信息不对称理论实际上是在 20 世纪 70 年代由三位美国经济学家提出的，指各方市场主体在市场经济活动中对交易真实信息的掌握程度存在不对等的现象。掌握更多信息的一方可以占据相对有利的地位从而在市场中获益，而掌握信息较少的一方在决策时会产生不利影响。

从时间上可以将信息不对称划分为事前的和事后的，事前信息不对称会引起逆向选择，事后信息不对称会造成道德风险。比如在小微企业信贷管理方面，贷前银行不了解贷款企业的全部信息，一般只了解行业情况，对具体某家企业的内部状况了解较少，无法判断单个贷款客户到底属于高风险者还是低风险者，因此只能用市场平均风险程度来确定利率水平，这一利率水平对低风险企业来说偏高，而对高风险企业来说较低，结果低风险企业退出信贷市场，最后真正获得贷款的反而是银行不愿意面对的高风险企业，这就是逆向选择。贷后银行无法完全监控到贷款企业的信息，企业有机会隐瞒不利信息，比如提供虚假经营状况，投资高风险项目等从事不利于银行收回贷款本息的行为，这就是道德风险。因此，在信息不对称条件下，逆向选择和道德风险都加剧了银行的信贷风险，银行不良贷款会随之增加。

对银行来说，调查财务制度相对完善、信息相对真实的大型企业比较容易，而小微企业本身管理不规范、财务信息不完整，与银行之间的信息不对称程度比大企业更加严重，因此其信贷风险更加难以控制。想要有效积极地缓解小微企业信贷风险，还是要从信息不对称的根源来着手解决。由于小微企业的信息不够清晰、透明和规范，银行在贷前调查与贷后监控时就只能想办法另寻出路，要在其他细节信息上下功夫，不放过小微企业的任何真实信息才能使信息不对称程度有所缓解。科尔、劳伦斯和怀特（Cole，Lawrence and White，2004）利用联邦储备委员会对美国中小企业抽样调查结果研究发现，软信息在影响银行信贷决策方面发挥作用，其中被定义为软信息的因素比如公司业主特征、贷款关系、银企距离、业务往来是否由业主亲自进行等都对银行信贷决策起着或正或负的作用。赵翠霞、李岩、兰庆高（2015）从中国小微企业特有的人情社会角度研究农户不良贷款，发现农村信用社的政企关系、管理方式、贷款决策等的人情化是造成农户不良贷款率居高不下的根本原因，促进人情贷款转变为科学、合规、合理的贷款才能有效控制农户不良贷款的发生。可见小微企业特有的一些信息可能在大型企业的经营过程中无关紧要，但存在于小微企业中就极有可能影响到小微企业整体状况，形成银行往往忽视的隐性信贷风险，进而影响到银行收回贷款，发生不良贷款的可能性增大。此外，第四章和第七章的实证与案例研究反映了小微企业个人与担保圈风险较为突出，由此本书提出假设 H1。

H1：小微企业隐性信贷风险的存在会提高不良贷款发生率，并且会提高该笔贷款的不良等级。不同类别的隐性风险对不良贷款的影响存在差异，业主个人、担保圈关系对不良贷款的影响更大。

信贷配给理论是由于信息不对称，银行为了自身利益，出于理性行为而通常会采取的一种风险控制手段。指在既定利率条件下，银行面对超额贷款需求且无法分辨贷款人的风险程度时，银行会对不同的贷款人实行差别待遇，使一部分贷款人受到配给限制，另一部分筛选出来的贷款人比较容易获得银行的放贷。大量研究普遍认为，企业与银行有着密切关系可以提高这部分企业贷款的可获得性（Degryse and Cayseele，2000；Bharath et al.，2011），这种通过长期、稳定、密切的交易往来接触而积累的使银行获得相关私人信息的方式被称为关系型贷款。皮特森和拉詹（Petersen and Rajan，1994）较早使用有关数据对关系型贷款问题做了系统检验，并探索了银企关系、信贷可获得性的衡量方法，结果显示，良好的银企关系对贷款可获得性有正向影响。

关系型贷款的最大特点是银行据此获取的信息不是公开的、不是可以量化的“硬信息”。大企业往往具有“硬信息”特征，小企业拥有更多的是“软信息”。针对小微企业这一特定群体来说，由于小微企业相比大企业会受到硬性财务信息缺失的限制，银行会更加依赖密切关系来获得小微企业的大量私人信息，这些信息涉及企业状况及业主的方方面面，甚至包括业主的个人品行、能力与人际关系往来。这些基于关系获得的软信息可以替代财务数据等硬信息，补充小微企业不充分的信息内容，从而能够缓解银企之间的信息不对称程度，改善小微企业融资困境。同时由于互动交流关系可以持续的长期性特点，银行可以全程对企业实施及时有效的动态监督，降低银行面临的风险，为银行的信贷风险控制提供了极大便利。因此，关系型贷款已逐渐被公认为是小微企业这种硬性信息不透明企业的重要融资途径。由此本书提出假设 H2。

H2：密切的银企关系可以缓解上述隐性风险对不良贷款的负面影响。

担保是指根据合同或当事人约定，以财产或第三方信用来促使债务人清偿债务或履行义务的方式。由于存在信息不对称与信贷配给现象，担保在实践中早已被大量使用，但其作为独立理论专门被研究的时间还不长。当前研究已经达成共识的观点如下。

第一，保证担保可以降低借贷双方的信息不对称程度。保证担保介入后，原来的两方信贷关系转变为三方之间的融资关系，由于引入第三方来为借款人的贷款进行担保，第三方担保成为连接小微企业与银行之间的友好桥梁。与银行相比，专业的第三方担保以调查企业风险为专门经营业务，因此与企业之间有更紧密的联系，保证人对小微企业的信息优势明显，可以基本形成信息对称状态，进而银行在与企业的信贷交易过程中还可以增加收益，扩大信贷规模。

第二，担保可以解决信贷配给问题。担保不仅可以修正借贷双方信息不对称状态从而降低银行风险，还可以使风险部分转移，第三方担保一起承担信贷风险使银行的风险分散，银行此时会充分考虑到借款方整体的信用提升，重新优化金融资源的配置，放给小微企业的贷款增加，同时使金融市场更加稳定和有效。

第三，由于担保机构会对企业进行精确调查，掌握的信息会比银行更多，比如担保机构知道自己担保的是高风险企业，就会选择利率较高、担保责任较低型业务，这样小微企业的实际风险状况信号就经由担保机构传递给银行，银行根据担保机构的选择或是否有抵押财物及抵押品价值来判断小微企业的风险大小，由此筛选出银行愿意发放贷款的对象，形成担保的信号传递机制。

第四，担保将激励企业执行契约，巴罗（Barro，1976）提出，在执行债务契约机制中，担保从两方面发挥作用：一是借款人违约将面临担保损失，这一约束会激励借款人还款；二是借款人发生的交易成本强迫借款人还款。

但是，由于不同贷款方式的设计差异，在对信贷风险的缓释机制上也略有不同。对于小微企业常用的贷款方式哪种更加有效，目前学术界还没有统一看法。大多数学者通过理论推导认为，使用保证方式的小微企业更多地具有高风险特征。波佐洛（Pozzolo，2004）分析了抵押担保和保证担保在贷款中的不同作用，提出抵押多为“内部的”，主要给贷款银行带来优先受偿权，较少用来解决道德风险，因此低风险借款人提供抵押比找保证人的成本小，使用抵押较多；而保证多为“外部的”，主要作为一种缓解借款人的道德风险机制，高风险的借款人经常使用。张晓玫、宋卓霖（2016）选取 2010 ~ 2013 年某银行的中小微企业贷款数据，比较保证担保与抵押担保在贷款风险缓释方面的差异。结果显示，样本中保证担保方式的小微企业逆向选择更严重。关于导致保证方式的风险缓释效果低于其他方式的原因，有观点分析认为，抵押和保证都发挥企业的信号传递作用时，保证人一般会收取较高的保费，这样企业的借款成本提高，与两方贷款市场类似，同样会发生逆向选择问题，获得保证方式贷款的企业因此更多会表现出高风险特征。付俊文、赵红（2004）用纯数理模型分析担保中的信息不对称问题，发现如果中小企业没有提供任何抵押品，在这种情况下强烈要求保证方式的借款人往往效益不好，担保公司也承接了较多对高风险企业的担保业务。但如果中小企业提供了足够的抵押品，担保公司便可以有效地消除更多逆向选择和道德风险。陈其安和陈亮等（2008）与杨胜刚和胡海波（2006）也使用不同的数理模型推导出了与此相似的结论。由此可见，只有在比较理想的条件下，保证方式才有利于减轻逆向选择，使贷款能够流向风险较低的企业。但在国内实践业务中，我国金融市场起步较晚，信息条件不完全，加上小微企业本身禀赋不足，难以提供足够的抵押品，小微企业保证贷款方式对信贷风险的缓释作用实际上会下降，由此本书提出假设 H3a。

H3a：保证相比抵押贷款方式缓释上述隐性风险对不良贷款负面影响的作用更弱，引入专业的担保公司可以缓解这种现象。

但是根据贷款发生实际损失的过程，贷款由形成不良贷款到最终劣变为损失取决于两点：贷款发生不良的概率和形成不良贷款之后的坏账率。前面的论述立足于前者，分析了保证方式可能会加剧逆向选择，使得相比其他担保方式更容易导致不良贷款的发生。但实际损失由于建立在贷款已经形成不良之后，此时主要取决于借款人的二次偿债能力。

二次偿债包括贷款人自偿和代偿两种。在传统的贷款中，即使形成了不良贷款，贷款人还可以通过拆借资金等手段履行还款合同，使银行损失率得以控制。但考虑到小微企业资金实力薄弱等原因，贷款人二次自偿的能力微乎其微，因此向第三方追偿是银行处置小微企业信贷业务中不良贷款最重要的手段之一。在此背景下，由于我国现行的法律制度环境，银行将抵押物变现不仅要依赖宏观经济市场形势，还由于诉讼、拍卖过程的艰难漫长要花费较多时间成本，抵押方式贷款的逾期时间平均被拉长，更容易形成实际损失。另外，针对小微企业来说本身实力不强，其提供的抵押财物质量相对较差，评估价值不高甚至一物被多次抵押，直接造成贷款中抵押方式的担保效果降低，损失可能性增大。而保证方式普遍有实力过硬的保证人可以代偿，贷款损失率有所下降。现有学者根据这一原因提出由于抵押后追缴难度大，因此抵押方式损失率会更高的观点。刘彬（2006）使用国内银行的贷款合同数据分析抵押的作用。实证结果表明，抵押方式的事后损失率高。平新乔和杨慕云（2009）使用我国某银行一级分行 1998 ~ 2006 年的信贷数据进行多个检验，发现质量越高的客户，贷款利率越低；抵押贷款的利率比保证方式的利率高；而获取贷款利率越高的借款客户损失率越高；最后，损失率与抵押方式之间也呈正相关关系。由此本书提出假设 H3b。

H3b：在形成不良贷款后，保证方式相比于抵押方式具有更低的损失率。

三、实证设计

（一）样本选择

研究样本取自浙江省某银监部门的风险提示书，将其中文本数据中的定量和定性信息结构化处理得到，总共涉及 17 个信用社在 2012 ~ 2016 年对 70 家小微企业下放的 306 笔贷款业务。研究样本的年度区间始于 2012 年，因为 2011 年经济学家郎咸平提出小微企业概念，在此之后，小微企业的融资问题才受到广泛重视，考虑到银行的反应存在时滞性，所以选择 2012 年之后的样本更能代表小微企业的融资现状。

（二）变量度量

表 9 - 4 列示了各类变量的定义及其测度。

表 9 - 4　　变量定义

变量名称	变量定义
研究变量	
BAD_RANK	以《贷款风险分类指引》中的五级分类方法为标准定义
BAD_DUM	哑变量，以《贷款风险分类指引》中关于是否不良的标准定义
主要解释变量	
RISK_PERSONAL	哑变量，若企业存在个人类隐性风险则取 1，否则为 0
RISK_COMPANY	哑变量，若企业存在企业类隐性风险则取 1，否则为 0
RISK_EXTERNAL	哑变量，若企业存在外部环境类隐性风险则取 1，否则为 0
RISK_CIRCLE	哑变量，若企业存在担保圈类隐性风险则取 1，否则为 0
RISK_RANK	企业存在隐性风险类型的总和
其他解释变量	
RELATION_TIMES	企业贷款次数
RELATION_MONTHS	企业和银行建立贷款关系的时长

续表

变量名称	变量定义
RELATION_DENSITY	交易密度，等于贷款次数/建立合作关系的时长
GUARANTEE_MODE	哑变量，若企业提供的担保方式是保证则取 1，若为抵押则取 0
主要控制变量	
SIZE	企业总资产的自然对数
AGE	企业成立年限
MONEY	企业贷款规模
INDUSTRY	行业虚拟变量
YEAR	年度虚拟变量

1. 不良贷款。

对于不良贷款的度量，本书采用定序变量度量和哑变量度量两种方式。首先，构建不良贷款等级的变量 *BAD_RANK*，具体度量方法是：根据中国银监会 2007 年发布的《贷款风险分类指引》，银行的贷款调查报告将每笔贷款分类为正常、关注、次级、可疑和损失五种等级，对应的，本书分别对 *BAD_RANK* 赋值 0 ~ 4，*BAD_RANK* 数值越大，不良程度越高。其次，本书构建贷款是否不良的哑变量 *BAD_DUM*，具体度量方法是：以 2007 年我国对贷款风险的分类标准为依据，当贷款为正常或关注等级时，认为贷款没有发生不良情况，*BAD_DUM* 取 0；当贷款为次级、可疑或损失等级时，认为贷款发生不良情况，*BAD_DUM* 取 1。

2. 隐性风险。

对于隐性风险的度量，本书采用两种方法。首先，借鉴科尔等（Cole et al., 2004）、吴宝（2011）、赵翠霞等（2015）的研究成果，结合笔者所阅读的银行风险控制文件和对银行从业人员的咨询，本书将隐性信贷风险按内部、外部来源分为四类，分别为个人类风险、企业类风险、企业间担保圈类隐性风险和外部环境类隐性风险，具体概念在前面概念界定中已做详细说明。针对这四类隐性风险，分别构建 *RISK_PERSONAL*、*RISK_COMPANY*、*RISK_CIRCLE*、*RISK_EXTERNAL* 四个哑变量，当企业存在相应隐性风险时，其对应的哑变量取 1，否则取 0。存在相应隐性风险是指银行的信贷风险报告资料中指出了有之前未查出或企业隐瞒的属于前面概念的风险爆发。其次，为了更好地反映隐性风险大小所产生的影响，本书构建定序变量 *RISK_RANK*，度量方法为：将企业存在的前四类风险进行加总，获得一个 0 ~ 4 的定序变量，*RISK_RANK* 值越大，企业的整体隐性信贷风险越大。

3. 其他主要解释变量。

首先，银企关系变量。本书参考卡洛里（Karolyi，2018）对贷款关系强度的测度方法，使用三种方法度量银企关系。第一，根据银行记录中小微企业的贷款次数，定义变量 *RELATION_TIMES*。第二，根据企业和银行建立贷款关系的时间，定义变量 *RELATION_MONTHS*，以月为计量单位。第三，根据企业贷款的频率，即贷款次数/建立合作关系的时长，定义变量 *RELATION_DENSITY*。这三个变量的值越大，代表银企关系越密切。

其次，担保方式变量。根据企业提供的担保方式进行区分，定义变量 *GUARANTEE_MODE*，当企业提供的担保方式为抵押时，*GUARANTEE_MODE* 取 0，当企业提供的担保方式为保证时取 1。

4. 控制变量。

根据前人对小微企业不良贷款的研究，以及小微企业财务数据不公开的现状，本书控制了企业年龄 *AGE*；企业规模 *SIZE*；贷款规模 *MONEY*；行业虚拟变量 *INDUSTRY*；年度虚拟变量 *YEAR*。

（三）模型设计

本书为了验证隐性风险对于不良贷款产生的影响，针对因变量为哑变量的情况，采用 Probit 回归进行分析，针对因变量为定序变量的情况，采用定序 Logit 回归进行分析。

为检验假设 H1，采用如下模型（9-1）：

$$BAD\_RANK(BAD\_DUM)_{i,t} = \alpha_0 + \alpha_1 RISK\_RANK(RISK\_TYPE)_{i,t} + \alpha_2 SIZE_{i,t} + \alpha_3 AGE_{i,t} + \alpha_4 MONEY + INDUSTRY + YEAR + \varepsilon_{i,t} \tag{9-1}$$

若 α_1 显著大于 0，则说明相应的隐性信贷风险会提高不良贷款的可能性。

为检验假设 H2，采用如下模型（9－2）：

$$BAD\_RANK(BAD\_DUM)_{i,t} = \alpha_0 + \alpha_1 RISK\_RANK_{i,t} + \alpha_2 RISK\_RANK_{i,t} \times RELATION_{i,t} + \alpha_3 RELATION_{i,t} + \alpha_4 SIZE_{i,t} + \alpha_5 AGE_{i,t} + \alpha_6 MONEY + INDUSTRY + YEAR + \varepsilon_{it} \quad (9-2)$$

若 α_2 显著小于 0，则说明紧密的银企关系可以缓释隐性风险导致不良贷款率提高的负面效应，紧密的银企关系可以使银行更好地掌握和解读企业的软信息，从而更好地监督企业守约，降低隐性风险的危害性。

四、实证结果

（一）描述性统计

表 9－5 为本书所涉及变量的描述性统计。*BAD_RANK* 的平均值为 1.100，中位数为 1，所对应的贷款等级是关注级。*BAD_DUM* 的平均值为 0.384，中位数为 0，说明有 38.4% 的贷款为不良贷款。本书关于小微企业不良贷款的统计结论也符合此前学者的研究结果，我国小微企业的贷款仍然存在较大的不良隐患，研究隐性风险对不良贷款的影响是非常有必要的。*RISK_PERSONAL* 的平均值为 0.212，说明有 21.2% 的小微企业存在个人类隐性风险。*RISK_COMPANY* 的平均值为 0.595，说明有 59.5% 的小微企业存在企业不利经营类隐性风险。*RISK_EXTERNAL* 的平均值为 0.219，说明有 21.9% 的小微企业存在外部环境类隐性风险。*RISK_CIRCLE* 的平均值为 0.310，说明有 31.0% 的小微企业存在担保圈类隐性风险。*RISK_RANK* 的平均值为 1.337，中位数为 1，75% 分位数为 2，说明我国小微企业普遍存在不止一类隐性风险。本书对隐性风险的统计结果表明，我国小微企业隐性风险普遍存在，其与不良贷款之间的关系是值得研究的。*RELATION_TIMES* 的平均值为 5.108，说明每家小微企业平均向银行贷款 5.108 次。*RELATION_MONTHS* 的平均值

是 16.957，说明小微企业和银行建立合作关系的时间平均为 16.957 个月。*RELATION_DENSITY* 的平均值是 0.319，说明小微企业每年平均向银行贷款 3.828 次（0.319 × 12）。可见，不管是贷款次数、关系时长还是贷款频率，小微企业与大型企业相比都有很大差距。*GUARANTEE_MODE* 的平均值为 0.689，即平均有 68.9% 的贷款为保证方式，进一步反映了经济比较发达的浙江省保证方式风险更高。其余控制变量也较为符合小微企业的基本情况。

表 9－5　描述性统计

变量	N	平均值	标准差	Q1	中位数	Q3
BAD_RANK	306	1.100	1.118	0	1	2
BAD_DUM	306	0.384	0.487	0	0	1
RISK_PERSONAL	306	0.212	0.410	0	0	0
RISK_COMPANY	306	0.595	0.492	0	1	1
RISK_EXTERNAL	306	0.219	0.414	0	0	0
RISK_CIRCLE	306	0.310	0.463	0	0	1
RISK_RANK	306	1.337	0.627	1	1	2
RELATION_TIMES	306	5.108	2.865	3	5	7
RELATION_MONTHS	306	16.957	4.553	13	16	21
RELATION_DENSITY	306	0.319	0.128	0.231	0.286	0.417
GUARANTEE_MODE	306	0.689	0.492	0	1	1
SIZE	306	5.858	1.411	4.605	5.704	6.908
AGE	306	8.600	4.737	5	8	12
MONEY	306	4.957	0.974	4.32	4.96	5.56

（二）回归结果

表 9－6 和表 9－7 展示的回归结果是本书对假设 H1 的验证。表 9－6 展示了隐性风险总和的影响作用，可以看到，*RISK_RANK* 与 *BAD_DUM* 的回归系数为 0.803 且显著（$z=2.02$，$p<0.05$），*RISK_RANK* 与 *BAD_RANK* 的回归系数为 1.191 且显著（$z=2.12$，$p<0.05$），说明在控制了其他因素之后，小微企业的隐性风险会显著影响贷款发生不良的概率以及不良的程度，具体

表现为隐性风险越大，小微企业贷款更可能形成不良，并显著提高不良程度。控制变量方面，企业规模在两个模型中均会显著影响贷款的不良情况，系数分别为 -0.421（$z=-2.22$，$p<0.05$）和 -0.594（$z=-2.33$，$p<0.05$），说明企业规模越大，贷款发生不良的概率越低，不良程度也越低。

表 9-6　隐性风险与不良贷款关系回归结果

变量	(1)	(2)
	BAD_DUM	*BAD_RANK*
RISK_RANK	0.803 ** (2.02)	1.191 ** (2.12)
SIZE	-0.421 ** (-2.22)	-0.594 ** (-2.33)
AGE	-0.0187 (-0.42)	-0.0790 (-1.39)
MONEY	0.433 (1.50)	0.634 * (1.79)
Intercept	-1.449 (-0.85)	
Year fixed effects	控制	控制
Industry fixed effects	控制	控制
Observations	306	306
R-squared	0.2071	0.2852

注：**、* 分别代表在 5%、10% 水平上显著，标准误采用按公司聚类和异方差调整的稳健标准误。

表 9-7 展示了不同类型的隐性风险对不良贷款的影响作用，可以看到，在分别将不同类型的隐性风险放入因变量为 *BAD_DUM* 的模型回归时，*RISK_PERSONAL*、*RISK_EXTERNAL* 和 *RISK_CIRCLE* 前的系数均显著为正，分别为 2.205（$z=3.56$，$p<0.01$）、1.016（$z=2.19$，$p<0.05$）、1.132（$z=1.86$，$p<0.1$），说明小微企业如果存在个人类隐性风险、外部环境类隐性风险、担保圈类隐性风险，均会显著提高贷款发生不良的概率，而且个人类隐性风险、担保圈类隐性风险的系数大于外部环境类隐性风险。*RISK_COMPANY*

前的系数并不显著，可能的原因是这类隐性风险相比于其他几类隐性风险，往往更受银行重视，银行在对小微企业进行财务状况检查时（如水电费、工资发放情况、缴税情况的查询等），可以从中发现，一些企业不正当经营行为的隐性信息，从而进行提前的预防，使得企业隐性风险并没有产生提高不良贷款率的负面作用，而其他几类风险往往需要更深入调查才能获得相应的信息，难以被银行在常规检查财务、经营状况时发现。再将四类隐性风险同时放入模型回归时，因变量不论是 *BAD_DUM* 还是 *BAD_RANK*，四类隐性风险并没有和分别放入模型时有明显差异，*RISK_PERSONAL*、*RISK_EXTERNAL* 和 *RISK_CIRCLE* 前的系数均依旧是显著为正，*RISK_COMPANY* 前的系数依旧不显著。综上所述，本书的假设 H1 得到验证，即隐性风险的存在会提高贷款发生不良的概率，并提高贷款的不良等级。不同类别的隐性风险对不良贷款的影响存在差异，业主个人、担保圈关系对不良贷款的影响更大。

表 9-7　　不同隐性风险类型与不良贷款关系回归结果

变量	(1)	(2)	(3)	(4)	(5)	(6)
	BAD_DUM	*BAD_DUM*	*BAD_DUM*	*BAD_DUM*	*BAD_DUM*	*BAD_RANK*
RISK_PERSONAL	2.205*** (3.56)				1.854** (2.34)	2.088*** (2.61)
RISK_COMPANY		-0.703 (-1.41)			0.364 (0.68)	0.483 (0.91)
RISK_EXTERNAL			1.016** (2.19)		1.073* (1.67)	1.061* (1.80)
RISK_CIRCLE				1.132* (1.86)	1.104* (1.77)	1.030* (1.77)
SIZE	-0.457** (-2.48)	-0.447** (-1.72)	-0.512** (-1.83)	-0.621*** (-3.06)	-0.183** (-2.44)	-0.202** (-1.97)
AGE	-0.00431 (-0.11)	0.0476 (0.82)	-0.0624 (-0.80)	0.105 (0.63)	0.00892 (0.48)	-0.000109 (-0.01)
MONEY	0.714** (2.21)	0.657* (1.76)	-0.268** (-2.07)	-0.545 (-0.45)	0.216** (2.24)	0.362*** (2.58)

续表

变量	(1)	(2)	(3)	(4)	(5)	(6)
	BAD_DUM	*BAD_DUM*	*BAD_DUM*	*BAD_DUM*	*BAD_DUM*	*BAD_RANK*
Intercept	-1.703 (-0.93)	-0.377 (-0.22)	-1.505 (-0.77)	-1.201 (-0.45)	-0.572 (-1.05)	
Year fixed effects	控制	控制	控制	控制	控制	控制
Industry fixed effects	控制	控制	控制	控制	控制	控制
Observations	306	306	306	306	306	306
R-squared	0.2592	0.3025	0.1665	0.1466	0.4667	0.4347

注：***、**、*分别代表在1%、5%、10%水平上显著，标准误采用按公司聚类和异方差调整的稳健标准误。

表9-8所展示的回归结果是本书对假设H2的验证。表9-8在表9-6的基础上引入了银企关系的代理变量，并构建隐性风险与银企关系的交乘项。本书的研究构建了三种银企关系的代理变量，分别为借贷次数RELATION_TIMES、关系时间RELATION_MONTHS、交易密度RELATION_DENSITY，因此交乘项也构建了三个。

表9-8　　银企关系对隐性风险与不良贷款关系的影响的回归结果

变量	(1)	(2)	(3)	(4)	(5)	(6)
	BAD_DUM	*BAD_DUM*	*BAD_DUM*	*BAD_RANK*	*BAD_RANK*	*BAD_RANK*
RISK_RANK	1.053*** (2.78)	1.539* (1.91)	1.338** (2.38)	1.087** (2.53)	1.805** (2.06)	1.339** (2.28)
RISK_RANK × *RELATION_TIMES*	-0.187*** (-2.75)			-0.257*** (-3.09)		
RELATION_TIMES	0.168* (1.72)			0.178 (1.46)		
RISK_RANK × *RELATION_MONTHS*		-0.086** (-2.07)			-0.13*** (-2.64)	
RELATION_MONTHS		0.148* (1.94)			0.212** (2.42)	
RISK_RANK × *RELATION_DENSITY*			-4.537** (-2.39)			-6.49*** (-2.90)

续表

变量	(1)	(2)	(3)	(4)	(5)	(6)
	BAD_DUM	*BAD_DUM*	*BAD_DUM*	*BAD_RANK*	*BAD_RANK*	*BAD_RANK*
RELATION_DENSITY			2.277 (0.96)			1.35 (0.48)
SIZE	-0.126* (-1.70)	-0.889 (-0.86)	-0.0314 (-0.34)	-0.167 (-1.51)	-0.112 (-0.99)	-0.0078 (-0.07)
AGE	0.0497** (2.19)	0.007 (0.29)	0.004 (0.19)	0.0187 (0.78)	0.0224 (0.73)	0.009 (0.34)
MONEY	0.165 (1.55)	0.0223 (0.18)	-0.0599 (-0.48)	0.227 (1.26)	0.225 (1.01)	0.103 (0.45)
Intercept	-2.304** (-2.12)	-2.746** (-2.11)	-1.015 (-0.94)			
Year fixed effects	控制	控制	控制	控制	控制	控制
Industry fixed effects	控制	控制	控制	控制	控制	控制
Observations	306	306	306	306	306	306
R-squared	0.2160	0.2769	0.2131	0.2040	0.2686	0.1987

注：***、**、*分别代表在1%、5%、10%水平上显著，标准误采用按公司聚类和异方差调整的稳健标准误。

根据结果可以看到，在以BAD_DUM为因变量的模型中，引入银企关系和交乘项之后，*RISK_RANK* 之前的系数依旧显著为正，分别为1.053（$z=2.78$，$p<0.01$）、1.539（$z=1.91$，$p<0.1$）、1.338（$z=2.38$，$p<0.05$），而构建的三个交乘项 *RISK_RANK×RELATION_TIMES*、*RISK_RANK×RELATION_MONTHS*、*RISK_RANK×RELATION_DENSITY* 前的系数均显著为负，分别为-0.187（$z=-2.75$，$p<0.01$）、-0.086（$z=-2.07$，$p<0.05$）、-4.537（$z=-2.39$，$p<0.05$），说明紧密的银企关系，在一定程度上抑制了隐性风险提升不良贷款概率的效应。相同的，在以BAD_RANK为因变量的模型中，RISK_RANK之前的系数也依旧显著为正，分别为1.087（$z=2.53$，$p<0.05$）、1.805（$z=2.06$，$p<0.05$）、1.339（$z=2.28$，$p<0.05$），而构建的三个交乘项 *RISK_RANK×RELATION_TIMES*、*RISK_RANK×RELATION_MONTHS*、*RISK_RANK×RELATION_DENSITY* 前的系数均显著为负，分别为

-0.257($z=-3.09$，$p<0.01$)、-0.13($z=-2.64$，$p<0.01$)、-6.49($z=-2.90$，$p<0.01$)，也说明紧密的银企关系可以在一定程度上抑制隐性风险提升不良贷款等级的效应。表9-8的结果表明，紧密的银企关系可以提高银行对小微企业信息的掌握程度，银行随着与小微企业来往次数、时间的增多，可以更好地了解小微企业一些隐蔽的软信息，如企业业主的人品、朋友圈等，因此可以抑制隐性风险对不良贷款产生的负面影响。因此，本书的假设H2得到验证，即紧密的银企关系可以缓释隐性风险引发不良贷款的作用。

表9-9所展示的是不同担保方式下隐性风险与不良贷款关系的回归结果。将贷款根据担保方式的不同，划分为保证和抵押两组，由于本书所抽取的样本只涉及一笔信用贷款，无法成为一个组别，因此选择将其删除。最终得到的保证组和抵押组分别有211个样本和94个样本。我们可以看到，无论

表9-9　　不同担保方式下隐性风险与不良贷款关系回归结果

变量	(1)	(2)	(3)	(4)
	保证组	抵押组	保证组	抵押组
	BAD_DUM	*BAD_DUM*	*BAD_RANK*	*BAD_RANK*
RISK_RANK	1.321** (2.21)	0.23 (0.82)	1.101* (1.70)	-0.110 (-0.24)
SIZE	-0.067 (-0.54)	-0.298** (-2.07)	-0.473 (-1.57)	-0.321* (-1.70)
AGE	-0.0046 (-0.10)	0.00852 (0.27)	0.0477 (0.46)	-0.0039 (-0.07)
MONEY	0.0486 (0.16)	0.198 (1.21)	-0.368 (-0.69)	0.286 (0.98)
Intercept	0.639 (0.52)	0.615 (0.56)		
Year fixed effects	控制	控制	控制	控制
Industry fixed effects	控制	控制	控制	控制
Observations	211	94	211	94
R-squared	0.3009	0.1430	0.3284	0.1554

注：**、*分别代表在5%、10%水平上显著，标准误采用按公司聚类和异方差调整的稳健标准误。

是对于 *BAD_DUM* 还是 *BAD_RANK*，*RISK_RANK* 在担保组中的系数都显著为正，分别为 1.321（$z=2.21$，$p<0.05$）和 1.101（$z=1.70$，$p<0.1$），但在抵押组中则不显著。结果说明，由于小微企业的保证人质量不高，保证方式反而加剧了逆向选择问题，与此同时，由于保证存在第三方监督的作用，银行会因此分散对小微企业本身的监督，但低质量的保证人并不能起到第三方监督的作用，从而形成了银行管得少，保证人管不了的局面，导致贷中的监督缺失，增大了隐性风险的危害。相比于保证，抵押的担保方式会使得银行需要时常关注抵押物的状况、评估抵押物的变现能力，这往往需要银行派业务人员前往抵押物实地进行检查，由于小微企业提供的抵押物往往是自身的生产设备、存货、厂房等，这些抵押物一般就在小微企业的生产地点，银行对抵押物的检查可以增加对小微企业实地到访的次数和检查质量，从而更好地了解企业的经营情况，识别眼前的隐性风险。

表 9-10 所展示的回归结果是本书对假设 H3a 的验证。表 9-10 是将样本区间选定在保证组中，根据保证人身份的不同，划分为民间保证人和专业保证人两组，以此探究专业的保证公司和普通的保证人之间有何差异。最终得到民间保证人组有 95 个样本，专业保证人组有 116 个样本。我们可以看到，无论是对于 *BAD_DUM* 还是 *BAD_RANK*，*RISK_RANK* 在民间保证人组中的系数都显著为正，分别为 2.35（$z=2.93$，$p<0.01$）和 0.857（$z=1.70$，$p<0.1$），但在专业保证人组中则均不显著。结果表明，专业的担保机构相比于普通的保证人，由于声誉机制的作用，贷前的逆向选择更弱，贷中的监督更加有效，起到了有效的第三方监督作用，从而减弱了隐性风险的后果。

表 9-10　　不同保证人身份下隐性风险与不良贷款关系回归结果

变量	(1)	(2)	(3)	(4)
	民间保证人组	专业保证人组	民间保证人组	专业保证人组
	BAD_DUM	*BAD_DUM*	*BAD_RANK*	*BAD_RANK*
RISK_RANK	2.35***	0.130	0.857*	-0.339
	(2.93)	(0.73)	(1.70)	(-1.49)
SIZE	-0.118	-0.206**	-0.574**	-0.119
	(-0.44)	(-2.21)	(-2.30)	(-1.37)

续表

变量	(1)	(2)	(3)	(4)
	民间保证人组	专业保证人组	民间保证人组	专业保证人组
	BAD_DUM	*BAD_DUM*	*BAD_RANK*	*BAD_RANK*
AGE	-0.0119 (-0.26)	0.0553* (1.93)	0.0455 (0.42)	0.0518** (2.03)
MONEY	-0.166 (-0.52)	0.291** (2.30)	0.605* (1.73)	0.190* (1.74)
Intercept	-1.255 (-0.45)	-1.603** (-1.98)		
Year fixed effects	控制	控制	控制	控制
Industry fixed effects	控制	控制	控制	控制
Observations	95	116	95	116
R-squared	0.2409	0.1133	0.2742	0.1303

注：***、**、*分别代表在1%、5%、10%水平上显著，标准误采用按公司聚类和异方差调整的稳健标准误。

综合表9-9和表9-10，本书验证了假设H3a，即小微企业的隐性风险对于不良贷款的影响在担保方式为保证的情况下更加显著，专业的机构担保可以有效地抑制这种增强作用。

表9-11所展示的是本书对假设H3b的验证。表9-11中将被银行定义为不良贷款的已处置完结的样本，按照不同的担保方式分为两组。本书所抽取的样本中，共有52笔业务被定义为不良贷款且已完成，其中涉及36笔保证、14笔抵押、1笔保证后追加抵押、1笔保证后反抵押。坏账中共涉及7笔抵押、3笔保证。抵押损失率为50%，单一保证方式的损失率仅为8.33%，且3笔保证的坏账均属于民间保证人。表9-11的结果表明，不论是贷款发生损失的概率，还是贷款损失的比率，抵押组都显著高于保证组，说明由于小微企业抵押物较为单一、处置抵押物诉讼时间较长、变现能力随市场波动等原因，导致不良贷款贷后的追缴存在很多的障碍，损失率较高，而保证由于第三方保证人的存在，银行可以向债务人和保证人同时追偿，并且由于保证的金额是固定的，并不会受到其他外界因素的影响，使得保证方式下的不良贷款贷后追缴更加容易。因此，本书验证了假设H3b，即抵押相

比于保证，在形成不良贷款以后，银行贷后追缴更为困难，损失率更高。

表 9－11　　　　不同担保方式下贷款坏账率差异检验

变量	保证	抵押	T-test	Kruskal-wallis
LOSS_DUM	0.083	0.500	－3.666***	－3.274***
LOSS_RATE	0.041	0.323	－3.599***	－3.613***

注：*** 代表在1%水平上显著。

五、本章研究结论

小微企业既是社会经济发展的亮点，也有天生的融资弱点。如何解决小微企业的融资难问题一直是社会各界不断努力的方向。本书关注小微企业信贷风险中隐性的部分，探究隐性风险的概念特点，结合定性和定量的方法研究隐性风险可能造成的后果，发现以下结论。

（1）隐性风险的存在会显著提高不良贷款发生的可能性，而且隐性风险越大，不良贷款等级越高。这对银行、政府与小微企业自身都敲响了警钟，隐性风险的阻力在不知不觉中影响着各方的发展，绝不能被忽视。研究也发现，在小微企业业主个人及家庭层、企业层、担保圈层、宏观环境层不易监测的隐性风险对不良贷款的影响存在差异，风险控制的难点在于消除个人或家庭层、担保圈层的信息不对称，外部环境也显著影响不良贷款的等级和发生，企业层次的信息相对易于控制。

（2）密切的银企关系可以缓释隐性风险的存在对提高不良贷款发生率与不良等级的影响。用银企交往时间、借贷次数与交易密度分别测度银企关系，均支持了银企关系对于弱化信息不对称的作用。银企双方长期的互动关系所积累的软信息具有经济效应再一次得到了验证。

（3）研究进一步支持了在经济较为发达和担保方式较为多样化的地区，保证相比于抵押风险更大，会增大事前的逆向选择程度，导致隐性风险的影响更明显，引入专业的担保机构可以缓解这种现象。这就说明对担保主体的身份资格、担保能力、专业水平的监管是防范风险的有效手段。

（4）研究也发现，虽然保证方式下出现的不良贷款概率和不良等级较大，但是从实际损失来看在形成不良贷款后，保证相比于抵押具有更低的损失率。研究一方面证明了样本地区在担保追责方面是相对有效的；另一方面也要警惕的是，通常认为抵押贷款是一种高保证贷款，在此“安全、保险”的心理机制下，抵押贷款可能更容易放松贷后押品的实物、价值及所有权监管，在信息不对称的背景下，借款人可能发生道德风险，从而使其实际损失反而可能超过保证贷款，安全与风险存在互为因果的辩证关系。

第十章　结论、建议与局限性

一、研究结论

（一）贷款方式：偏好、共性与差异

1. 相对于保证贷款，抵押贷款仍然是小微企业信贷使用最为普遍的贷款方式。

无论是经济较为发达的东部地区，还是经济欠发达的中西部地区，抵押贷款都是小微企业贷款方式的首选。押品集中于房地产，抵押贷款作为一种强担保是银行业的共识。究其原因，是由于抵押风险主要是客体风险，具有较强的风险补偿功能，而保证风险则具有比较强的主体依存性以及主体间性，使得风险要素呈现出更为复杂和多变的特征，这些特征都加大了日后的协调难度和清理成本。虽然如此，选择抵押还是保证并不完全是银行偏好的结果，贷款方式与行业的生产要素集聚方式和企业自身的财务状况相关。而在更加偏远的乡镇信用贷款更为常见，主要是由于农民或居民抵押能力十分有限，信用贷款成为银行被动选择的结果，小圈子熟人社会中信息不对称程度较弱，当地的房地产市场也不发达，其信贷额度很小，风险可控，有其适用性。

2. 经济发展水平与市场完善程度是贷款方式的外生约束条件。

市场经济发达程度对抵押、保证贷款均存在影响。在经济发达省份，保证人身份更加多元化，法人担保更加普遍，具有更强的市场依赖性；而欠发

达地区更依赖政府背景的担保机构。前一种情景下，更容易出现信贷风险的传染效应，应更多关注风险的聚集特征；后一种情景下，虽然不太容易引发担保圈风险，但是担保业务过度集中于政府支持下有限的几家专业担保公司，在经济下行的背景下风险无法分散，导致区域整体风险承担能力弱化。

市场发达程度决定了抵质押物的选择范围和风险的可分散性。市场发达程度不仅决定了现有的房地产为主的抵押物的可变现性，也可以从抵质押物的选择范围反映出来，市场体系越完善，各种财产或权利的交易越活跃，越能够满足可变现的特性，贷款方式也越多样。从宏观视角来看，信贷风险对于房地产行业的依赖度越低，越有利于风险的分散。

市场发达程度也决定了市场多元化主体的存在性，市场主体的存在与否决定了风险策略与风险工具的选择空间，经济越发达，贷款方式越多样和综合，贷款方式的创新空间越大，不利的一面是信贷风险更具有并发特征，风险管理要求也越高。总体来看，缺乏有效的引导主体，信贷风险的综合化解能力弱，同行合作、异质性主体间合作共赢不足，政府或者监管者的作用需要加强。

3. 小微企业信贷风险的第一诱因是经营失败，风险要素具有相机而动的阶段性特征，风险信号的归集与跟踪是风险控制的常态。

虽然小微企业信贷一再强调道德风险的防范，但大量的破产案例表明，道德风险的发生是风险积累到一定阶段的结果，引发信贷风险的首要因素是企业经营风险，而经济下行及行业环境变化等不可控的外生因素是最为普遍的影响。因此，银行在信贷决策时通常把企业经营现金流的预期、所在行业是否符合产业发展政策等作为首要的决策要素。明确对象之后，应在对借款企业商业模式和现金流规律充分认知的基础上，完善信贷契约设计，注重动态实施的信贷信息的采集。由于小微企业客户各有特点，应多方归集其风险信号，在所有风险信号中与借款人道德风险相关的信号是信贷管理者最为关切的特征，由于其行为的不可预期性，增加了管理成本和风险识别的困难，也招致更大的贷款损失。风险管控具有相机而动、因人而异的特征，这正是小微企业信贷风险控制的难点所在。

4. 大部分商业银行小微信贷风险管控手段仍然比较传统，软信息和隐性信息仍然是贷后信贷管理的重难点。

小微企业经营具有经济与社会关系相互交融的特征，客户信息结构差异较大，通用信贷决策模型难以奏效，无论何种贷款方式，银行一手调研仍然是最为重要的信息渠道。通过信贷员调查发现，在所有的决策信息中，比较易于取得并且质量较为可靠的信息是中国人民银行或其他公共管理部门发布的违约、违规信息，虽然该类信息对于信贷决策具有一票否决的负面清单作用，但是该类信息的详细程度依赖于发布者，并且较为滞后，甚至不及第三方平台及时和详细。在所有的风险要素中，软信息、隐性风险是小微企业信贷风险控制的重点和难点。首先，个人或家庭因素是信贷决策和贷后管理首要的决策因素，银行最为关注的是其道德风险，此外，业主经验与个人素质对于风险控制也至关重要。总而言之，较为重要的、适用于特定借款人的信息仍依赖于现场调研。

其次，由财务信息转向行为信息。由于小微企业客户财务信息质量可靠程度较弱，在通过该类硬信息了解到企业基本业务面之外，信贷管理越来越多地依靠非财务信息，体现为对于水表、电表、工资表、税单等的检查，注重非财务信息与财务信息相互印证，因此，一户一策的职业判断能力的养成十分关键。在线交易是反映企业经营活动的重要信息来源，虽然互联网金融有较大的冲击力，但是目前银行的信贷决策对于该类信息的归集、运用仍然十分有限，这一方面与业务员参差不齐的业务素养有关，另一方面这些碎片化的信息如何有效使用也缺乏统一指导，随着在线交易越来越成为主流，对该类信息的挖掘利用必将受到更大关注。

5. 不同贷款方式下，信贷风险控制的差异。

抵押与保证方式下，风险要素结构存在差异，贷后的风控管理的重点与难点存在差异。单纯的抵质押贷款主要是一种客体风险，主体间性而引发的不确定性相对较小，其风险要素在贷前主要体现为产权风险、估值风险。为了防范道德风险，押品的相对重要性也是一个重要的考量因素，在市场欠发达地区，由于押品难以变现使其风险补偿功能退化，仅仅在于道德风险防范。贷后主要是产权变动风险、物理风险、变现风险与市场风险，一旦需要风险补偿，工作重点将围绕着如何保值以及激活资产活力展开。

保证贷款具有较强的主体依存性，风险管控的重心在于保证人身份、保证人财务状况、保证人与被保证人的关系等，并要关注其动态变化，更多的主体相关知识、更多的社会知识、更多的主体间性隐含了更大的不确定性。一旦需要风险补偿，则主要关注在于风险要素之间的消长关系，见表 10－1，不同的风险控制意图可能带来担保圈羊群效应、过度加固防范、标签化引发过度授信、对担保的过度依赖风险以及主体认知与保证责任设定问题，理性的风险应对需要从整个担保圈视角设计应对之策。对于抵押贷款，也要防范过于依赖押品而疏于监管的风险。

表 10－1　风控策略与风险消长

风险控制意图	控制成本	变通性	羊群效应 传染效应	推卸责任 逃废债动机	过度投资 影响效率	合作风险	过度反应 群体事件
贷前：							
标签化授信			⬆		⬇		
充足的抵押担保				⬆			
扩大押品范围							
风险最小化	⬆						
严格契约条款		⬇					
分散策略，联保				⬆			
贷后：							
迅速反应						⬆	
围堵策略， 断贷抽贷			⬆				
信息共享							⬆
追加担保			⬆				
加固策略，追加 个人担保责任				⬆			

（二）风险因素互为消长，风险应对是权变思维的结果

信贷风险具有复杂性和异变性的特征，风险管控并非越严格越好，适当

的信贷风险控制包括适当的应对措施与适度的防控，是综合运用以下权变思维的结果。

1. 风险与成本收益的权衡。不同处置方式下存在时间成本、经济成本、清收效果与风险程度等方面的差异。信贷风险控制的最终目的是贷款损失最小化，即获取最佳的清收效果，但是可能因为烦琐的程序和沟通成本等，使得化解方案不具有可行性，而选择了效果次佳的方案，最终的选择是风险与收益权衡的结果。通过多笔债务清收案例的比较发现，交易成本是在信贷契约风险应对方案设计中不得不考虑的一个重要影响因素，需要在了解自身条件的基础上明确未来改进空间。

2. 弹性与刚性的权衡。在契约履行过程中，一方面，要严肃契约责任，适时启动必要的清偿程序维护契约的严肃性；另一方面，由于契约的不完备性，在实际工作中随时需要重新评估原有的协议是否仍然适用，又可能需要随时根据新的情况，重新调整债权债务关系。一方面，要充分了解政策框架提供的可能性空间；另一方面，又考虑到政策本身的不完备性，遇到特殊情况在不违背公共契约的前提下灵活处理。比如，在某些资产的产权证书难以办理的情况下，以公证质押替代产权办理；为了降低交易成本，启动“请求实现担保物权特别程序”，绕开烦琐的法律程序，直接进入资产变现环节，总之，需要在规则和契约的刚性与弹性之间权衡。

3. 远期与近期的权衡。在遇到借款企业发生经营危机时，不少银行为了尽可能地减少损失而抽贷、断贷，或者清理企业可变现资产，获得该资产的“首封权”，势必引发更多的债权人纷纷效仿，其结果是使企业更加雪上加霜，加速走向破产清算，其最终可能是损失更大。如果各权益人能够相互配合，认真分析企业当前的经营状况、协助企业渡过难关，其最终的损失可能反而更小。因此，需要债权人建立某种组织或者共同推举一个主导者，在进行远期与近期利益权衡的基础上达成“共享的意义”，相互配合、实现共赢。

4. 个体与群体的权衡。当借款企业存在多个债权人时，每家银行为了使自身的损失最小化，往往会采用紧急资产保全的措施或者进行抽贷、断贷，并且越是有实力的企业越容易被选作偿债来源，其决策单位为每一家银行，每一家银行争相自保的结果是整个地区的企业失去活力，银行的业务也被迫萎缩。但是作为行业管理者的银监会，则从整个地区的金融生态来考察银行风险应对的效果，这时的研究单位为一个“金融生态圈”，如果将整个地区的金融业、企业视作一个相互关联的生态网络，则可以从总体上对本地区的债权债务关系进行规划，以确保本区域的小金融生态圈的健康、可持续发展。

5. 信息预警与舆情风险的权衡。在对借款企业贷后债务管理中，为了确保风险的可控，信息不对称是各家银行必须要克服的问题。为了解决信息不对称问题，不仅需要银行自身建立健全信息统计系统，也需要充分利用行业内部、本地信息资源以及其他更为广泛的信息渠道，更大范围内实现信息共享。但是，需要警惕的是，信息的传播是“双刃剑”，需要充分考虑信息传播过程中可能带来的利益相关者的反应，这样的反应行为可能会为风险控制带来一定的干扰因素，甚至有时还会导致设计良好的债务清收规划面临破产。

（三）辨识制约因素是明确改进空间的前提

虽然从理论上来看，信贷风险有多种可以选择的策略工具，但是，在实际工作中每一家银行所处环境不同，其受到的约束程度也是不一样的。因此，导致其实际可以选择的应对可能十分有限，管理者在借鉴性学习中需要认清自身的制约因素，制订切实可行的风控计划。风险管理过程如图 10－1 所示。

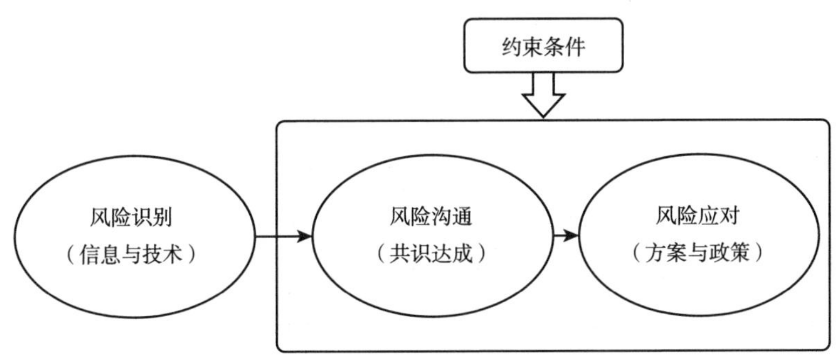

图 10－1 风险管理过程

1. 信息技术与信息共享的范围、程度。行业信息共享程度是摸清借款企业债权债务关系的前提。对于行业信息共享程度较低，彼此缺乏合作的行业环境，银行的日常风险防范手段较为有限，更多地依赖信贷员自身的调查、银行自建的数据系统、中国人民银行征信系统或者其他外购数据库来获取信息，只有在最后接近破产清算阶段才会成立债权人组织，对信贷风险的日常监控极为不利，从而导致有的银行在企业已经出险时仍然继续放贷。因此，不能等到实质性风险已经发生才开始与债务人沟通，如何构建日常的行业互助体系，实现信息共享互助，加强日常的沟通协作是行业监管者需要拓展的方向。

2. 政府支持与部门配合程度。政府支持程度决定了方案的可行性以及交易成本的大小。每家银行的业务范围大小存在差异，政府关心重视程度各不相同，风险防控主要依赖自身的信息渠道，风险防控手段的有效运用主要依赖于信贷员或者负责人个人的社会资源能力，对整个地区的信贷风险管控是非常不利的。如何通过行业监管组织协调政府以及政府部门关系，确保各项防控措施落实到位是这类银行值得突破的方向。

3. 当地市场发达程度。市场发达程度对信贷风险控制的影响至少体现在以下三个方面：（1）押品变现难易。对于经济相对落后的地区，其通常用作抵押的房产或者商铺实际变现难。对于风险防控的意义就在于选择对于借款企业较为重要的资产做抵押，作为一种可置信的威胁防范道德风险的发生，但是，当道德风险一旦发生时其实际的变现并不容易实现，银行的损失无法得到弥补。（2）市场中介作用的发挥。担保机构、会计师事务所、资产评估师、律师事务所等社会中介的发达程度，影响了信贷交易的规模与范围。比如，在担保机构不发达的地区，其代偿人相对集中，导致的结果是一旦遭遇经济下行，银行收紧信贷，市场资金供给不足，该地区整体将难以走出经济低迷。（3）委托清收是否可行。因此，当地市场发达程度不仅决定了可能选择的贷款方式多寡，也影响了能够运用的债务清收手段的空间。市场的培育需要政府协同各市场主体共同努力，创造一个良性的经济生态系统。

（四）机构内部的风险控制水平参差不齐，政策并未取得预期效果

银保监部门2020年度为了协助小微企业脱困，区别各级商业银行特点构

建了小微企业金融服务的评价指标体系，体现了主管部门“增量扩面，提质降本”的政策导向，既包括从小微企业所获得信贷资源支持的总额、覆盖面、资产质量、贷款成本等结果评价，也从体制与机制、产品与服务创新等具体措施方面设立评价指标，对商业银行拓展小微企业信贷业务提供了思路，但是由于面面俱到和多目标并存，条款较为粗略，缺乏可执行性，恐怕对银行具体业务的展开难以奏效。对湖北省分行与支行两个层次的小微企业信贷监管的问卷调查显示，风险分级越细、岗位职责越严格、信息体系越完备，则小微企业业务增长越缓慢，这反映了长期存在的小微企业信贷风险管理悖论，折射了风险管理技术的困境，如何设定激励相容的管理制度仍然有待提高。

二、政策建议

1. 分类管理，流动性贷款适度引入互联网金融等，长期贷款谨防过度投资。

虽然我国已有多家商业银行在开展互联网金融业务，但是从我们调研样本来看，互联网技术在小微企业信贷中的应用并不广泛，传统信贷与互联网金融各自的优劣比较如图 10－2 所示。互联网金融的优势在于动态化、实时化的信息大大地节省了贷后监控成本，但是信息过于碎片化，并且对信息鉴别能力的要求较高；传统模式在反映财务状况以及主体软信息等静态化信息方面见长，但是信息的时效性欠佳，并且对于实地调研过于依赖，常常会人手不足，随着在线交易的普及化，对于“短、频、急”的短期贷款可以开发在线交易数据作为辅助决策信息，通过引入互联网数据的方式上依据各银行自身的信息技术，采用银行主导＋平台、平台主导＋银行支付、独立的支持交易支付等，以便充分利用网络舆论监督、强化动态监督，减轻对抵押的依赖。

对于大额、长期的投资贷款，比较常见的风险是对于市场预期过于乐观而过度投资，导致日后的现金流低于预期，而使财务负担加重，引发资金链断裂。因此，对于授信银行贷前主要是防范标签化授信引发的过度投资；需

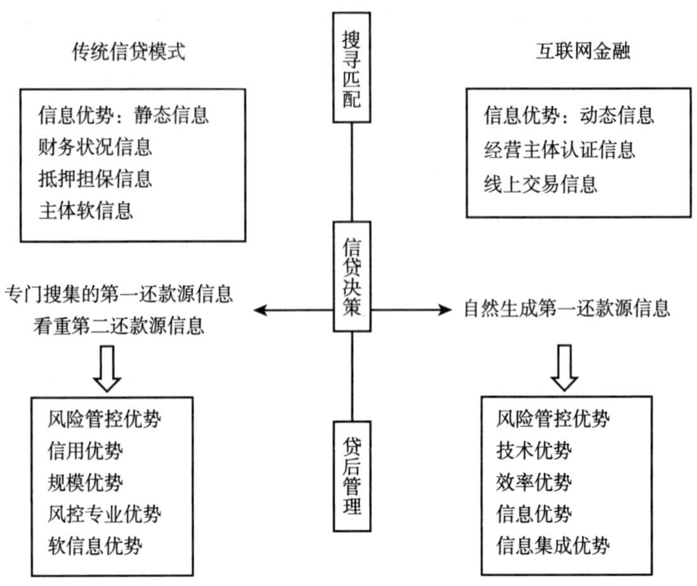

图 10－2　传统信贷与互联网金融对比

要强化与政府相关部门的合作交流，了解并实时追踪产业政策导向，贷后风险控制主要是因地制宜运用市场化手段以及行政手段减少风险损失，防范风险扩散。

2. 行业层面，进一步强化同业交流、合作与互助。

行业层面主要作用在于在信号捕捉与方案设计方面发挥技术主导作用。行业层面相关责任主体包括行业监管机构、行业协会、银团以及各级分支机构。监管机构从区域整体金融生态层面跟踪风险的集聚特征，及时向辖区内的各家银行发出预警，成为金融资源配置的指南，在风险控制的后期阶段，协调各利益相关者使之相互配合，执行最为合理的风险化解方案，避免争相抽贷而陷入囚徒困境。行业协会可以从以下四个方面形成协作与互助：一是信息共享机制，比如湖北省银行业协会建立的银行俱乐部，实行客户信用相关信息俱乐部成员共享，大大节约了信息搜寻成本；信息共享范围甚至可以覆盖借款小微企业自身及相关保证企业、专业担保机构甚至民间借贷公司的贷款记录，并在各银行之间实现共享，大数据平台让信息公开透明，降低银行监控难度，防止企业钻漏洞，从根本上解决小微企业保证关系随意隐蔽的问题。二是行业交流与学习机制，定期进行商业银行金融创新产品的经验交流，更加准确地把握不同行业的小微企业经营规律与经营动态，相互启发不断完善产品设计。三是增进感情交流，尤其是银团之间加强相互了解，有助于风险化解方案的落实。四是集中力量应对大数据带来的挑战，取长补短适度引入互联网金融的优势。

3. 加强银政企合作，提高政府及相关部门的协同作用。

政府相关部门应在促进协作、引导投资方面起主导性作用。调研中发现，政府在金融工作中的主导作用并未充分发挥，银政企之间的合作并不顺畅。通过对全部案例的整理不难发现，在银行的债务清收中，出现最多的相关政府部门有法院、工商部门、公安、房地产登记机关、税务征管部门、担保机构等，部门之间相互协作能够大大节约交易成本，提高方案的可行性。法院的优势在于：（1）明确利害关系。法院通过从法理、人情上告知借款企业其应该履行的义务以及拒绝履行的行为后果，说服和动员当事人行为选择。（2）界定权利义务的权威性。在再重新界定权利义务时，通过法院判决，形成权威结论，明确各自的权利义务，并强制执行。（3）通过诉前保全、司法拍卖等落实各项权利义务。（4）诉讼记录等各项历史记录提供风险信息。除此之外，工商管理部门、公安部门、房地产管理机构通过维护经营秩序、落实工商登记、产权登记与产权变更等协助债务清理顺利进行。

4. 环境层面，强化市场主体的培育，发挥各自优势，寻求多样化风险解决方案。

银行积极动员市场力量建立互惠性合作关系，拓展现有的风险应对可行空间。风险控制过程中通常会涉及律师、资产评估师、注册会计师、资产管理公司等专业服务机构。在贷前贷后等风险管理的全过程中，银行可以与专业服务机构积极建立合作关系，充分利用社会中介的作用，对于债权债务关系复杂的事项，可以聘请经验丰富的相关专家评估风险以及资产变现价值、提供外包服务，随着市场体系的不断发展，采取市场化手段化解债务有着广阔的拓展空间。

5. 从需求侧促进小微企业自身的信息化建设，培养合格的融资主体。

通过将制度规则嵌入信贷契约，提升小微企业业务素质和诚信水平。企业对自身容易出现的风险点最清楚，应从自身严加防范做起，强制规定小微企业自查风险标准，并及时向银行与政府反馈自查结果。小微企业在复杂的保证关系中应提高科学的风险意识，注意不把自身搅进劣质保证关系网中，在日常的经营、投资、保证等重要决策上不盲目不跟风，以确保自身讲诚信的贷款记录，建立与银行间的良好关系。对于借款者或提供担保的自然人个人，银行应获得其真实的履约意愿，通过风险告知书的形式明确其应承担的义务，减轻相关融资主体的随意性和盲目性，规范业主日常经营与诚信行为，防止过度担保与滥用担保，减少逃废债的风险。

三、研究的局限性

1. 内容局限。虽然最初的研究设计是试图对多样化的贷款方式进行比较研究，但是实际调研发现贷款方式仍然集中于抵押、保证，只有少量的存货、应收账款质押，得到的资料不足以完成更为丰富的研究，因此，实际的研究内容为抵押、保证的信贷风控比较研究。由于大部分的研究都是基于文档、数据的研究，历史资料的局限性可能使我们的研究前瞻性不够。关于互联网技术对小微企业信贷可能的影响，需要完全不同的信息渠道和统计分析技术，本书对此并未进行一手数据的采集挖掘。

2. 数据局限。本书最大的困难在于数据获取，跨区域、跨机构的数据、资料较为零散，加之小微企业信贷信息非标准的缺陷，深入的定量研究难以展开。由于缺乏全面的、分层次、系统化的数据渠道，缺乏一个贯穿风险全过程的数据对接，只能尽可能地挖掘资料信息，通过多渠道数据、访谈询问使结论更加谨慎。

3. 方法局限。原有的研究计划是针对信贷员进行信息实验，但由于难以组织最终未能实现。在社会网络分析时，理想的方式是建立一种实时动态的视图，但囿于方法技术的局限，本书研究只能止步于此，希望在后续的研究中找到最佳合作者深入研究。在传染病模型的运用时我们也遇到了类似的困境。

附录一　中小企业划型标准规定

序号	行业	指标	单位	中小微型企业	中型企业	小型企业	微型企业
1	农、林、牧、渔业	从业人数	人				
		营业收入	万元	<20000	≥500	≥50	<50
		资产总额					
2	工业	从业人数	人	<1000	≥300	≥20	<20
		营业收入	万元	<40000	≥2000	≥300	<300
		资产总额					
3	建筑业	从业人数	人				
		营业收入	万元	<80000	≥6000	≥300	<300
		资产总额		<80000	≥5000	≥300	<300
4	批发业	从业人数	人	<200	≥20	≥5	<5
		营业收入	万元	<40000	≥5000	≥1000	<1000
		资产总额					
5	零售业	从业人数	人	<300	≥50	≥10	<10
		营业收入	万元	<20000	≥500	≥100	<100
		资产总额					
6	交通运输业	从业人数	人	<1000	≥300	≥20	<20
		营业收入	万元	<30000	≥3000	≥200	<200
		资产总额					
7	仓储业	从业人数	人	<200	≥100	≥20	<20
		营业收入	万元	<30000	≥1000	≥100	<100
		资产总额					
8	邮政业	从业人数	人	<1000	≥300	≥20	<20
		营业收入	万元	<30000	≥2000	≥100	<100
		资产总额					

续表

序号	行业	指标	单位	中小微型企业	中型企业	小型企业	微型企业
9	住宿业	从业人数	人	<300	≥100	≥10	<10
		营业收入	万元	<10000	≥2000	≥100	<100
		资产总额					
10	餐饮业	从业人数	人	<300	≥100	≥10	<10
		营业收入	万元	<10000	≥2000	≥100	<100
		资产总额					
11	信息传输业	从业人数	人	<2000	≥100	≥10	<10
		营业收入	万元	<100000	≥1000	≥100	<100
		资产总额					
12	软件和信息技术服务业	从业人数	人	<300	≥100	≥10	<10
		营业收入	万元	<10000	≥1000	≥50	<50
		资产总额					
13	房地产开发经营	从业人数	人				
		营业收入	万元	<200000	≥1000	≥100	<100
		资产总额		<10000	≥5000	≥2000	<2000
14	物业管理	从业人数	人	<1000	≥300	≥100	<100
		营业收入	万元	<5000	≥1000	≥500	<500
		资产总额					
15	租赁和商务服务业	从业人数	人	<300	≥100	≥10	<10
		营业收入	万元				
		资产总额		<120000	≥8000	≥100	<100
16	其他未列明行业	从业人数	人	<300	≥100	≥10	<10
		营业收入	万元				
		资产总额					

附录二　商业银行小微企业金融服务监管评价指标（试行）

序号	评价项目	评价内容	评价标准	最低分	最高分	备注
一、小微企业信贷投放情况						
（一）常规指标				-8	38	
1.1	普惠型小微企业贷款“两增”情况	1.1.1 贷款增速或信贷计划完成情况	1. 非差异化考核的商业银行： （1）普惠型小微企业贷款较年初增速不低于各项贷款增速的，得满分，如当年监管部门对普惠型小微企业贷款增速提出明确目标，则达到该目标的得满分；前述增速目标未实现，但完成当年普惠型小微企业信贷计划的，以实际增速与各项贷款增速之比，从满分中按比例得分；增速目标及信贷计划均未实现的，得0分。 （2）普惠型小微企业贷款连续两年（含）以上未完成“两增”中贷款增速指标或未达到监管明确要求的增速目标的，得-3分。 （3）普惠型小微企业贷款余额连续两年负增长的，得-4分。 2. 监管允许差异化考核的商业银行： （1）完成当年普惠型小微企业信贷计划的，得满分；未完成信贷计划，但普惠型小微企业贷款余额较年初正增长的，	-4	8	1.“差异化考核”的执行标准参照《中国银保监会办公厅关于2020年推动小微企业金融服务“增量扩面、提质降本”有关工作的通知》规定，对上年度完成“两增”考核目标（或信贷计划）及利率指导目标、普惠型小微企业贷款余额占其各项贷款余额超过一定比例的银行，经监管部门同意，可适度放宽考核要求，确保至少完成“普惠型小微企业贷款余额不低于年初水平，有贷款余额的户数不低于年初水平”。

续表

序号	评价项目	评价内容	评价标准	最低分	最高分	备注
1.1	普惠型小微企业贷款“两增”情况	1.1.1 贷款增速或信贷计划完成情况	以实际贷款增量占信贷计划之比，在满分中按比例得分；未实现普惠型小微企业贷款余额较年初正增长的，得0分。 (2) 连续两年（含）以上未完成普惠型小微企业信贷计划的，得 -3 分。 (3) 普惠型小微企业贷款余额连续两年负增长的，得 -4 分			2. 第1条第（2）、第（3）项和第2条第（2）、第（3）项均不重复扣分
		1.1.2 贷款户数	1. 普惠型小微企业贷款余额户数不低于上年末的，得满分。 2. 未实现第1条的，得0分。 3. 连续两年以上未完成贷款户数不低于上年末目标的，得 -4 分	-4	4	
1.2	普惠型小微企业贷款“两控”情况	1.2.1 贷款成本	1. 普惠型小微企业贷款成本控制完成当年监管目标的，得满分。 2. 未实现第1条，但较上年水平未上升的，视实际贷款成本与监管目标差距情况在满分至50%分区间酌情得分。 3. 未实现第1条，但贷款成本较上年水平上升0.5个百分点以内的，视实际贷款成本与监管目标差距情况在50%分以下区间酌情得分。 4. 未实现第1条且较上年水平上升0.5个百分点（含）以上的，得0分	0	5	1. 贷款成本包括贷款利率和贷款相关环节产生的费用。当年监管目标以监管部门当年有关政策文件及工作部署要求为准，下同。 2. “酌情得分”参照定性指标打分方式，最小计分单位为0.5分，下同
		1.2.2 资产质量	1. 各项贷款不良率不高于同类机构平均水平的商业银行：(1) 普惠型小微企业贷款不良率不高于自身各项贷款不良率3个百分点（含）的，得满分；(2) 未实现第（1）项，但普惠型小微企业贷款不良率较上年末持平或下降的，酌情得分；(3) 未实现第（1）项，且普惠型小微企业贷款不良率较上年末上升的，得0分。 2. 各项贷款不良率高于同类机构平均水平的商业银行：	0	6	1. “同类机构”按机构类别划分为：大型银行（含中国邮政储蓄银行）、股份制银行、城市商业银行、农村中小金融机构，下同。 2. 对于地方性法人银行，“同类机构”指属地银保监

续表

序号	评价项目	评价内容	评价标准	最低分	最高分	备注
1.2	普惠型小微企业贷款“两控”情况	1.2.2 资产质量	（1）普惠型小微企业贷款不良率不高于自身各项贷款不良率3个百分点（含）的，视不良率绝对值情况在满分至50%分区间酌情得分；（2）未实现第（1）项，但普惠型小微企业贷款不良率较上年末持平或下降的，视下降情况在50%分以下区间酌情得分；（3）未实现第（1）项，且普惠型小微企业贷款不良率较上年末上升的，得0分			局辖内同类机构（含异地分支机构），下同
1.3	信贷资源向小微企业倾斜情况	普惠型小微企业贷款占本行各项贷款之比	1. 大型银行、股份制银行：普惠型小微企业贷款余额占各项贷款比例（或新增普惠型小微企业贷款占各项贷款新增规模的比例）超过10%的，得满分；普惠型小微企业贷款余额占各项贷款比例不到10%，但较上年提高0.5个百分点（含）以上的，得满分；普惠型小微企业贷款余额占各项贷款比例不到10%且提高未超过0.5个百分点（含与上年持平）的，按照实际百分点/0.5个百分点的比值，从满分中得分；普惠型小微企业贷款余额占各项贷款比例不到10%且较上年下降的，得0分。 2. 地方性法人银行：普惠型小微企业贷款余额占各项贷款达到一定比例或较上年提高1个百分点（含）以上的，得满分；占比未达到一定比例但较上年提高，提高幅度未超过1个百分点（含与上年持平）的，按照实际提高百分点/1个百分点的比值，从满分中得分；占比未超过一定比例且较上年下降的，得0分	0	6	1. “一定比例”具体标准： （1）城市商业银行：20%； （2）民营银行：30%； （3）农村中小银行机构（不含村镇银行）：扩大口径40%，小微口径25%； （4）村镇银行（如参与评价）：扩大口径85%，小微口径70%。 2. 银保监局可自行决定对辖内涉农贷款占比较高的农村中小银行机构，将本项指标考核的“普惠型小微企业贷款”口径替换为“单户授信总额1000万元（含）以下小微企业贷款和普惠型其他组织及个人经营性（非农户）贷款、单户授信总额500万元（含）以下的普惠型农户经营性贷款”（简称“扩大口径”）

续表

序号	评价项目	评价内容	评价标准	最低分	最高分	备注
1.4	细分小微企业市场情况	不同类型银行的小微企业客户分层	1. 大型银行（不含中国邮政储蓄银行）、股份制银行：单户授信总额3000万元及以下的小微企业贷款增速高于各项贷款增速的，得满分；增速未高于各项贷款增速但余额正增长的，以实际增速与各项贷款增速之比，从满分中按比例得分；余额负增长的，得0分。 2. 中国邮政储蓄银行及地方性法人机构：单户授信总额500万元及以下的小微企业贷款增速高于各项贷款增速的，得满分；增速未高于各项贷款增速但余额正增长的，以实际增速与各项贷款增速之比，从满分中按比例得分；余额负增长的，得0分	0	5	
1.5	拓展对小微企业服务覆盖面情况	小型微型企业首贷户服务情况	1. 小型微型企业贷款客户中，（1）当年新增首贷户数占比不低于同类机构占比；或（2）完成了监管部门提出的首贷户量化目标的，得满分。 2. 未实现第1条，但当年小型微型企业贷款客户中有新增首贷户的，得50%分。 3. 当年小型微型企业贷款客户中无新增首贷户的，得0分	0	4	“首贷户”指从银行业金融机构首次获得贷款的客户。银行向客户首次发放贷款前，通过人行征信系统查询，该客户没有从银行业金融机构体系贷款的征信记录
（二）加分指标				0	5	
1.6	持续加大普惠型小微企业贷款投放力度	普惠型小微企业贷款占比超过一定比例的商业银行增长继续达标	1. 上年末普惠型小微企业贷款余额占各项贷款（或上年普惠型小微企业贷款增量占各项贷款增量）超过一定比例的商业银行，当年度继续实现了“普惠型小微企业贷款增速不低于”目标，得满分。 2. 上年末普惠型小微企业贷款占各项贷款超过一定比例且监管允许差异化考核的商业银行，未实现“普惠型小微企业贷款增速不低于”目标，但完成当年普惠型小微企业信贷计划的，得60%分。 3. 未实现第1、第2条的，得0分	0	3	“一定比例”具体标准： 1. 大型银行、股份制银行:余额比例10%，新增比例20%； 2. 城市商业银行：20%； 3. 民营银行：30%； 4. 农村中小银行机构（不含村镇银行）：30%； 5. 村镇银行（如参与评价）：70%

续表

序号	评价项目	评价内容	评价标准	最低分	最高分	备注
1.7	降成本成效突出	普惠型小微企业贷款成本	在完成当年监管目标的基础上，贷款成本在同类机构中压降力度较大的，酌情得分，可得满分	0	2	
二、体制机制建设情况						
（一）常规指标				0	18	
2.1	综合服务机制	2.1.1 经营战略定位	1. 在本年度经营目标中明确提出小微企业业务目标，或本年度董事会、党委会或行长办公会专题研究审议小微企业业务发展议题的，得满分。 2. 未实现第1条的，得0分	0	1	
		2.1.2 顶层设计	1. 大型银行、股份制银行：（1）在董事会设立普惠金融发展委员会或指定现有专门委员会（或工作领导小组）负责全行小微企业业务规划与制度建设；且（2）在管理层设立普惠金融管理委员会或指定现有专门委员会（或工作领导小组）负责全行小微企业业务发展和管理的，得满分。 2. 第1条（1）和（2）任一项未实现的，得50%分。 3. 第1条（1）和（2）均未实现的，得0分	0	1	地方性法人银行不适用此指标
		2.1.3 组织机构建设	1. 大型银行、股份制银行：在总行及一级分行设立独立的普惠金融事业部或小微金融部门（一级部门），在二级分行设立垂直机构的，得满分；在总行及一级分行设立相应一级部门，但未在二级分行设垂直机构的，得50%分；未在总行和一级分行设立相应一级部门的，得0分。 2. 地方性法人银行：在总行设立了小微金融部门（一级部门），在分支机构设立了小微金融部门或专门团队的，得满分；未在分支机构设立小微金融部门或专门团队的，酌情扣分；未在总行设立相应一级部门的，得0分	0	2	村镇银行（如参与评价）和无分支机构的民营银行不适用此项指标

续表

序号	评价项目	评价内容	评价标准	最低分	最高分	备注
2.2	风险管理机制	普惠型小微企业贷款不良容忍度	1. 有分支机构的商业银行：对小微业务条线和分支机构的考核中，明确了普惠型小微企业贷款的不良容忍度的，得满分；未实现的，得0分。 2. 无分支机构的商业银行：对小微业务条线的考核中，明确了普惠型小微企业贷款的不良容忍度的，得满分；未实现的，得0分	0	2	
2.3	资源配置机制	2.3.1 信贷计划	1. 有分支机构的商业银行：单列普惠型小微企业信贷计划，向一级分支机构分解，并要求逐级分解落实的，得满分；单列普惠型小微企业信贷计划，但未向分支机构分解落实的，得50%分；未单列普惠型小微企业信贷计划的，得0分。 2. "一行一店"无分支机构的民营银行，非管理型的村镇银行（如参与评价）：单列普惠型小微企业信贷计划的，得满分；未单列的，得0分	0	2	
		2.3.2 内部资金定价	1. 大型银行、股份制银行： （1）对普惠型小微企业贷款给予优惠的内部资金转移定价（FTP）或通过利润损失补偿机制，力度在50个基点以上（含）的，得满分； （2）对普惠型小微企业贷款给予优惠的内部资金转移定价（FTP）或通过利润损失补偿机制，力度不到50个基点的，按实际优惠基点/50个基点的比值，从满分中得分； （3）未对普惠型小微企业贷款给予内部资金转移定价（FTP）优惠或利润损失补偿的，得0分。 2. 地方性法人银行： （1）对普惠型小微企业贷款给予优惠的内部资金转移定价（FTP）或实施利润损失补偿机制的，得满分； （2）未对普惠型小微企业贷款给予内部资金转移定价（FTP）优惠或利润损失补偿的，得0分	0	3	村镇银行（如参与评价）不适用此项指标

续表

序号	评价项目	评价内容	评价标准	最低分	最高分	备注
2.4	核算与考核机制	2.4.1 小微企业贷款考核指标	1. 对分支机构的综合绩效考核指标中，普惠金融业务指标权重占比在10%（含）以上的，得满分； 2. 对分支机构的综合绩效考核指标中，单独设立普惠金融业务指标，但权重占比不到10%的，得50%分； 3. 对分支机构的绩效考核指标中未单独设立普惠金融业务指标的，得0分	0	3	1. 普惠金融业务指标包括：小微企业业务（其中对普惠型小微企业业务必须有单独指标）、涉农业务、扶贫业务。 2. 村镇银行（如参与评价）和无分支机构的民营银行不适用此项指标
		2.4.2 小微企业业务条线其他指标	1. 对小微企业业务条线不设存款、利润、中间业务考核指标的，得满分。 2. 对小微企业业务条线设置存款、利润、中间业务考核指标，但权重低于公司业务条线同类指标的，按（公司业务同类指标权重－小微企业业务同类指标权重）/公司业务同类指标权重的比值，从满分中得分。 3. 对小微企业业务条线设置与公司业务条线同样的存款、利润、中间业务指标的，得0分	0	2	上年末普惠型小微企业贷款占各项贷款比例超过40%的银行，此项直接得满分
		2.4.3 分支机构考核奖励	1. 对完成小微企业业务考核目标较好的分支机构，明确通过绩效加分、利润补偿、增加FTP优惠幅度等任一方式予以奖励的，得满分。 2. 未实现第1条的，得0分	0	2	村镇银行（如参与评价）和无分支机构的民营银行不适用此项指标
（二）加分指标				0	3	
2.5	考核激励	2.5.1 薪酬和费用	1. 为小微业务从业人员和分支机构设立专项激励工资或营销奖励费用的，得满分。 2. 未实现的，得0分	0	1	

续表

序号	评价项目	评价内容	评价标准	最低分	最高分	备注
2.5	考核激励	2.5.2 人员考核	1. 对分支机构主要负责人的考核中，明确列出小微企业业务指标，并将监管明文要求的定量考核指标完成情况与分支机构主要负责人年度考核结果挂钩的，得满分。 2. 对分支机构主要负责人的考核中，明确列出小微企业业务指标，但未将监管明文要求的定量考核指标完成情况与主要负责人年度考核结果挂钩的，得 50% 分。 3. 对分支机构主要负责人的考核中，未明确列出小微企业业务指标的，得 0 分	0	2	村镇银行（如参与评价）和无分支机构的民营银行不适用此项指标
三、重点监管政策落实情况						
常规指标				-10	14	
3.1	小微企业续贷	3.1.1 续贷机制及产品	1. 开发小微企业续贷专门产品或现有产品实现续贷业务功能的，得满分。 2. 未实现的，得 0 分	0	2	
		3.1.2 续贷业务增长	1. 当年小微企业续贷累放金额占当年小微企业贷款累计发放金额的比重较上年度持平或上升的，得满分。 2. 未实现第 1 条，但当年小微企业续贷累放金额不低于上年度金额的，得 50% 分。 3. 第 1、第 2 项均未实现的，得 0 分	0	3	
3.2	小微企业授信尽职免责	3.2.1 制度建设	1. 在《中国银监会关于进一步加强商业银行小微企业授信尽职免责工作的通知》出台后，制定或更新完善了本行专门的小微企业授信尽职免责制度文件的，得满分。 2. 制定了专门的小微企业授信尽职免责制度文件，但未按照上述通知更新完善的，得 50% 分。 3. 未制定专门的小微企业授信尽职免责制度文件的，得 0 分。	-5	3	

续表

序号	评价项目	评价内容	评价标准	最低分	最高分	备注
3.2	小微企业授信尽职免责	3.2.1 制度建设	4. 未制定专门的小微企业授信尽职免责制度文件，经监管约谈提示、监管检查或上一年度监管评价指出后，在下一年度监管评价时仍未有效整改出台文件的，得 -5 分			
		3.2.2 工作机制落地	1. 内部建立明确的授信尽职免责工作机制和申诉异议渠道的，得满分。 2. 内部制定了关于授信尽职免责工作机制和申诉渠道的规定，但流程环节不完整的，在［0，3）分的区间酌情得分。 3. 内部未建立授信尽职免责工作机制和申诉异议渠道的，得 -3 分	-3	3	工作机制和流程的具体要求参照《中国银监会关于进一步加强商业银行小微企业授信尽职免责工作的通知》有关规定
		3.2.3 尽职免责与不良容忍度相结合	1. 明确将授信尽职免责与小微企业不良容忍贷款度政策相结合，在不良容忍度内，对未违反法律法规和监管规范性文件规定的业务部门、分支机构和人员减轻或免予追责的，得满分。 2. 未实现第 1 条的，得 0 分	0	2	
3.3	小微企业金融服务信息披露	在年报中披露小微企业金融服务信息	1. 按照监管规定，在年度报告中以专门篇幅主动披露本行小微企业金融服务情况，包括且不限于机构网点建设、信贷投放、客户数量、贷款平均利率水平等基本信息的，得 1 分。 2. 在年度报告中披露本行小微企业金融服务情况，但未完整包括必须披露内容的，得 0 分。 3. 未在年度报告中专门披露小微企业金融服务信息的，得 -2 分	-2	1	信息披露必须包括的内容以《中国银监会办公厅关于 2018 年推动银行业小微企业金融服务高质量发展的通知》规定为准

续表

序号	评价项目	评价内容	评价标准	最低分	最高分	备注
四、产品及服务创新情况						
（一）常规指标				0	20	
4.1	信用信息采集方式创新	4.1.1 银税互动	1. 银税互动小微企业贷款余额和在小微企业贷款余额中的占比均较上年末上升的，得满分。 2. 银税互动小微企业贷款余额在小微企业贷款余额中的占比较上年末没有上升，但余额实现正增长的，得50%分。 3. 第1、第2条均未实现的，得0分	0	3	
		4.1.2 利用其他信用信息资源	1. 积极对接发改、科技、市场监管、海关、电力等部门，拓展小微企业信用信息采集渠道，创新授信审批技术和信贷产品的，酌情得分，可得满分。 2. 未实现第1条的，得0分	0	2	
4.2	产品模式创新	4.2.1 合理设置贷款期限和还款方式	1. 根据小微企业发展阶段、经营周期、资金需求特点合理设置贷款期限和还款方式，创设期限灵活、本金偿还方式多样的贷款产品的，酌情得分，可得满分。 2. 未实现第1条的，得0分	0	2	
		4.2.2 制造业小微企业贷款	1. 小微企业贷款中制造业贷款占比较上年末上升0.5个百分点（含）以上的，得满分。 2. 占比上升未超过0.5个百分点或持平的，按实际上升百分点/0.5之比，在50%～满分区间内得分。 3. 占比下降的，得0分	0	2	
		4.2.3 担保方式创新	1. 积极发展面向小微企业的供应链融资、知识产权、股权、仓单、存货、保单等新型质押类信贷业务的，酌情得分，可得满分。 2. 无相关产品和业务的，得0分	0	2	

续表

序号	评价项目	评价内容	评价标准	最低分	最高分	备注
4.3	提升服务效率	优化贷款审批流程	1. 在风险可控的前提下，精简审批环节、优化审批流程、提升审批效率、节省办贷时间的，酌情得分，可得满分。 2. 未实现的，得0分	0	1	
4.4	信用贷款	小微企业信用贷款占比情况	1. 小微企业贷款中信用贷款占比较上年末上升0.5个百分点（含）以上的，得满分。 2. 占比上升未超过0.5个百分点或持平的，按实际上升百分点/0.5之比，在50%～满分区间内得分。 3. 占比下降的，得0分	0	4	
4.5	中长期贷款	小微企业中中长期贷款占比情况	1. 小微企业贷款中中长期贷款占比较上年末上升0.5个百分点（含）以上的，得满分。 2. 占比上升未超过0.5个百分点或持平的，按实际上升百分点/0.5之比，在50%～满分区间内得分。 3. 占比或下降的，得0分	0	4	
（二）加分指标				0	3	
4.6	与政府性融资担保机构合作情况	政府性融资担保机构担保的普惠型小微企业贷款增长情况	1. 普惠型小微企业贷款余额中，政府性融资担保机构担保贷款的余额和占比均较上年末上升的，得满分。 2. 普惠型小微企业贷款余额中，政府性融资担保机构担保贷款余额占比较上年末未上升，但余额实现正增长的，得50%分。 3. 未实现第1、第2条的，得0分	0	2	政府性融资担保机构以省级财政部门正式公布的名单为准
4.7	使用政策性银行转贷款	使用政策性银行转贷款精准度和优惠度	1. 当年转贷款资金全部用于普惠型小微企业贷款的，且当年末普惠型小微企业贷款余额中，使用转贷款资金的余额占比较上年末上升0.5个百分点（含）以上的，得满分。	0	1	

续表

序号	评价项目	评价内容	评价标准	最低分	最高分	备注
4.7	使用政策性银行转贷款		2. 当年转贷款资金全部用于普惠型小微企业贷款，且此类贷款平均利率低于本行其他小微企业贷款1个百分点（含）以上的，得满分。 3. 未实现1、2，但当年转贷款资金全部用于普惠型小微企业贷款的，得50%分。 4. 当年转贷款资金未全部用于普惠型小微企业的，得0分			
五、监管督导检查情况						
（一）常规指标				-12	10	
5.1	规范经营	5.1.1 规范服务收费和经营行为	1. 当年未发现违反小微企业金融服务收费政策的不规范经营行为的，得满分。 2. 当年发现违反小微企业金融服务收费政策的不规范经营行为的，视涉及金额、户数、地域范围，在满分50%以下区间得分，可得0分。 3. 大型银行、股份制银行同一家一级分行三年内两次以上被监管或其他外部审计、检查查出对小微企业违反服务收费政策的不规范经营行为，或查出此类不规范经营行为后，监管部门认定后续整改不力的，根据具体情节，酌情得负分，顶格为-5分。 4. 地方性法人银行三年内两次以上被监管或其他外部审计、检查查出对小微企业违反服务收费政策的不规范经营行为，或查出此类不规范经营行为后，监管部门认定后续整改不力的，根据具体情节，酌情得负分，顶格为-5分	-5	3	

续表

序号	评价项目	评价内容	评价标准	最低分	最高分	备注
5.1	规范经营	5.1.2 对民营小微企业公平提供金融服务	1. 在内部管理制度文件中明确规定对民营企业小微企业一视同仁、不将所有制性质作为提供金融服务的差别性条件的，得满分。 2. 内部管理制度文件中无第1项规定，但未发现存在对民营企业小微企业歧视性条款的，得0分。 3. 内部管理制度文件中存在对民营企业小微企业歧视性条款的，得－5分	－5	1	
5.2	数据质量	5.2.1 一般性数据差错	1. 监管发现存在小微企业非现场监管报表多次错报解锁或单次差错金额重大的，得0分。 2. 银行自行发现报表数据错误主动上报的，得50%分。 3. 未发现报表数据错误，或银行自行发现但金额不大的，得满分。 4. 监管检查或外部审计发现商业银行监管统计报表数据出现重大错误，影响小微企业贷款监管考核结果、税收优惠政策适用的，得－2分	－2	2	5.2项下三个子项的负分情形不重复扣分
		5.2.2 企业划型不准错误	1. 监管检查或外部审计发现统计报表中小微企业划型不准的，得0分。 2. 银行自行发现报表数据错误主动上报或严格落实整改要求的，得50%分。 3. 未发现此类错误，或银行自行发现但金额不大且主动上报改正的，得满分。 4. 监管检查或外部审计发现商业银行监管统计报表数据出现重大错误，影响小微企业贷款监管考核结果、税收优惠政策适用的，得－2分		2	小微企业划型不准指将大中型企业划为小微企业

续表

序号	评价项目	评价内容	评价标准	最低分	最高分	备注
5.2	数据质量	5.2.3 贷款分类不准错误	1. 监管检查或外部审计发现统计报表中小微企业贷款分类不准的，得0分。 2. 银行自行发现报表数据错误主动上报或严格落实整改要求的，得50%分。 3. 未发现此类错误，或银行自行发现但金额不大且主动上报改正的，得满分。 4. 监管检查或外部审计发现商业银行监管统计报表数据出现重大错误，影响小微企业贷款监管考核结果、税收优惠政策适用的，得 -2 分		2	小微企业贷款分类不准指将个人消费贷款、住房按揭贷款、非个体工商户或小微企业主的个人经营性贷款等划为小微企业贷款
（二）加分指标				0	4	
5.3	配合监管部门	完成当年重大工作任务	1. 商业银行主动参与、承办、配合开展监管部门组织的小微企业金融服务领域重大工作任务，表现突出的，酌情得分，可得满分。 2. 未发生第1条情形的，不得分	0	4	
合计：						
常规指标				-30	100	城市商业银行、农村中小银行机构（不含村镇银行）本类得分按×100/99折算；无分支机构的民营银行本类得分按×100/92折算；村镇银行（如参与评价）本类得分按×100/89折算
加分指标					15	

参考文献

［1］［美］约翰·B. 考埃特，爱德华·I. 爱特曼. 演进着的信用风险管理［M］. 北京：机械工业出版社，2001.

［2］贝克，邓正来，沈国麟. 风险社会与中国——与德国社会学家乌尔里希·贝克的对话［J］. 社会学研究，2010，25（5）.

［3］曹勇. 现代风险的历史演进及其哲学内涵［J］. 社会科学家，2011（8）.

［4］曹志鹏，程佳佳. 关系型贷款与我国中小企业融资［J］. 金融与经济，2013（1）.

［5］曾建中，刘桂东. 论金融生态系统提出的理论渊源及其假设条件［J］. 财经科学，2007（8）.

［6］柴雅萍，李盈萱. 农业银行抵押物风险管理初探［J］. 农村金融研究，2015（5）.

［7］陈冬，唐建新. 美国信用评分与小企业贷款研究［J］. 武汉大学学报（哲学社会科学版），2007（6）.

［8］陈吉瑜. 绍兴诸暨民间再担保融资现状调查和风险防范研究［J］. 现代商业，2014（16）.

［9］陈萌，赵焕芳，杨声钢，刘岩. 基于 Spark 计算框架的担保能力计量模型［J］. 中国金融电脑，2017（3）.

［10］陈其安，陈亮. 基于信用担保的中小企业债权融资博弈模型研究［J］. 经济问题，2008（4）.

［11］陈少华，陈菡. 我国中小企业担保圈风险演化过程分析——基于博弈论研究视角［J］. 开发研究，2013（2）.

[12] 丛剑. 大数据视阈下的小微企业信贷风险研究 [J]. 价值工程, 2018, 37 (22).

[13] 戴东红. 互联网金融对小微企业融资支持的理论与实践——基于小微企业融资视角的分析 [J]. 经济论坛, 2014 (4).

[14] 丁志国, 苏治, 赵晶. 资产系统性风险跨期时变的内生性: 由理论证明到实证检验 [J]. 中国社会科学, 2012 (4).

[15] 杜金富, 徐洁勤, 徐晓飞. 如何有效防范化解信贷市场风险? ——研究综述与展望 [J]. 金融监管研究, 2019 (8).

[16] 杜瑞, 把剑群. 商业银行与中小企业共赢之道——供应链融资 [J]. 金融理论与实践, 2010 (2).

[17] 段海涛. 商业银行抵质押担保隐性风险解析 [J]. 金融理论与实践, 2008 (12).

[18] 范黎波, 贾军, 贾立. 供应链金融模式下中小企业信用风险评级模型研究 [J]. 国际经济合作, 2014 (1).

[19] 付俊文, 赵红. 信息不对称下的中小企业信用担保数理分析 [J]. 财经研究, 2004, 30 (7).

[20] 付丽茹. 供应链合作关系演进路径及影响因素 [J]. 中国联通经济, 2012 (10).

[21] 傅子能. 商业银行防范中小企业信贷风险研究 [J]. 经济师, 2009 (3).

[22] 高佳羽. 软信息在信贷市场中的应用: 一个文献综述 [J]. 经贸实践, 2018 (7).

[23] 顾海峰. 基于信号函数的金融担保风险预警指标及模型研究 [J]. 中国管理科学, 2014, 22 (S1).

[24] 郭亦骏, 赵超. 债务违约和债务重组经济后果的差异——基于债务再融资的视角 [J]. 上海金融, 2018 (2).

[25] 郭湛. 论主体间性或交互主体性 [J]. 中国人民大学学报, 2001 (3).

[26] 过新伟, 王曦. 硬信息与软信息: 孰重孰轻? ——非上市中小企

业贷款违约风险实证研究［J］．金融学季刊，2015，9（2）．

［27］何波．商业银行小微企业信贷风险管理路径研究［J］．现代营销（经营版），2018（9）．

［28］何力军，袁满．“互联网＋”背景下不良资产业务模式创新研究［J］．新金融，2015（12）．

［29］何涌，翁建兴．中小企业信用担保违约风险 Poisson 过程分布［J］．系统工程，2014，32（6）．

［30］胡跃飞，黄少卿．供应链金融：背景、创新与概念界定［J］．金融研究，2009（8）．

［31］黄金华．论哲学范畴之“风险”［J］．南昌大学学报（人文社科版），2008（11）．

［32］黄蕾丹．大数据时代下商业银行信贷风险管理策略研究［J］．产业创新研究，2018（11）．

［33］黄意球，唐跃，陈慕紫．不良贷款处置方式的影响因素分析和判别模型［J］．数理统计与管理，2013，32（6）．

［34］黄子健，王龑，张文中．大数定律、互联网金融：破解小微企业信贷信用缺失［J］．经济体制改革，2015（1）．

［35］霍震涛，霍源源．银行授信担保链（圈）风险分析和应对措施［J］．金融理论与实践，2015（5）．

［36］纪晓君．信贷融资中软信息生产与传递的影响因素分析［J］．商场现代化，2010（27）．

［37］季百新，缪锦春．互联网时代下软信息在小微企业融资中的应用研究［J］．邵阳学院学报（社会科学版），2017（2）．

［38］贾楠，互联网金融与小微企业金融关系研究——基于金融共生理论视角［J］．技术经济与管理研究，2015（10）．

［39］蒋雪瑛．信用风险监控系统［P］．中国专利，2016．

［40］靳晨升，李军，童超．商业银行视角下信贷企业担保圈风险识别与预警——基于改进的脆弱性分析模型［J］．会计之友，2017（13）．

［41］兰军，严广乐．社会资本视角下中小企业信贷风险研究［J］．中

国流通经济，2019，33（5）.

[42] 雷舰. 互联网金融生态视角下小微企业融资生态机制构建研究[J]. 征信，2018（1）.

[43] 冷奥琳，张俊瑞，邢光远. 公司对外担保违约风险传递机理和影响效应研究——基于上市公司债券利差数据的实证分析 [J]. 管理评论，2015，27（7）.

[44] 李嘉玲. 社会资本、关系风险对担保能力影响研究——以天津市为例 [J]. 江西财经大学学报，2011（6）.

[45] 李军，信聪，陈暮紫. 诉讼处置不良贷款违约损失率估计的模型簇 [J]. 系统工程，2015（8）.

[46] 李腾飞. 当前小微企业信贷业务的问题与改进路径 [J]. 上海金融，2019（10）.

[47] 李小妮，张启敏. 基于信息干预的 SIRS 传染病模型稳定性分析[J]. 华南师范大学学报（自然科学版），2019（5）.

[48] 梁彩红. 论商业银行小微企业信贷风险管理 [J]. 上海金融，2014（9）.

[49] 林钟高，杨雨馨. 风险提示信息与银行信贷决策——基于 A 股上市公司年报文本信息的研究 [J]. 安徽师范大学学报（人文社科版），2017，45（2）.

[50] 刘彬. 徽商银行挂牌城商行跨区域重组正式破冰 [J]. 中国经济周刊，2006（1）：38－39.

[51] 刘春辉，陆红娟，郭秋霞. 科技型中小微企业不良贷款成因及对策探讨 [J]. 江苏科技信息，2018，35（28）.

[52] 刘红生，李帮义. 基于风险地图的中小企业信贷风险预警 [J]. 统计与决策，2014（18）.

[53] 刘琨. 电商双边市场供应链融资的模式与运作机制 [M]. 北京：经济管理出版社，2018.

[54] 刘鹏. 重视信贷管理中的软信息 [J]. 中国农村金融，2011（16）.

[55] 刘圻，刘星宇，刘斌. 银企关系对中小高科技企业融资的影

响——基于我国创业板上市公司的实证分析 [J]. 财务与金融, 2016 (1).

[56] 刘贤军, 王银光, 黄启龙, 汪易易. 从个体理性到交往理性: 东海铸锻担保圈风险的形成和化解 [J]. 金融发展研究, 2015 (4).

[57] 龙靓. 企业债务重组问题研究——基于中国二重的案例分析 [J]. 农村金融研究, 2016 (5).

[58] 陆军, 林澍. 中国银行业的系统性风险研究——从隐性担保到优胜劣汰 [J]. 南方经济, 2016 (8).

[59] 罗珉, 何长见. 组织间关系: 界面规则与治理机制 [J]. 中国工业经济, 2006 (5).

[60] 罗韵轩. 金融生态环境、异质性债务治理效应与债务重组——基于中国上市公司的实证研究 [J]. 会计研究, 2016 (3).

[61] 吕东. 17 年前一起反担保让安信信托麻烦不断信达不服省高院判决欲申诉到底 [N]. 证券日报, 2010-05-21 (01).

[62] 吕劲松. 担保链贷款风险分析 [J]. 中国金融, 2015 (12).

[63] 吕文栋, 赵杨, 韦远. 论弹性风险管理——应对不确定情境的组织管理技术 [J]. 管理世界, 2019, 35 (9).

[64] 马建峰. 商业银行中小企业信贷风险评估体系的构建 [J]. 经济管理者, 2015 (2).

[65] 马九杰, 郭宇辉, 朱勇. 县域中小企业贷款违约行为与信用风险实证分析 [J]. 管理世界, 2004 (5): 58-66, 87.

[66] 马九杰, 刘海英, 温铁军. 农村信贷约束与农村金融体系创新 [J]. 中国农村金融, 2010 (2).

[67] 马敏. 我国大型商业银行实施 SBCS 技术的可能性 [J]. 企业经济, 2012, 31 (7).

[68] 梅强, 许红珍. 再担保体系内银保风险共担研究——基于系统动力学 [J]. 技术经济与管理研究, 2014 (2).

[69] 倪柏竹. 基于 SIR 和 SIS 组合模型的复杂金融网络风险传染研究 [J]. 环渤海经济瞭望, 2019 (4).

[70] 聂建平, 上官小放. 从博奕论角度看建立中小企业信用担保制度

的重要性［J］．金融与经济，2004（4）．

［71］欧庭高．风险实证论的哲学理路［J］．自然辩证法研究，2017（2）．

［72］潘家芹．解决中小企业融资难题的新思路——构建中小企业信用评价模型［J］．财会月刊，2011（30）．

［73］庞素琳，王燕鸣，黎荣舟．基于BP算法的信用风险评价模型研究［J］．数学的实践与认识，2003，33（8）．

［74］彭磊．均衡信贷配给、信用担保与中小企业融资［J］．当代财经，2003（8）．

［75］平新乔，杨慕云．信贷市场信息不对称的实证研究——来自中国国有商业银行的证据［J］．金融研究，2009（3）．

［76］钱龙．信息不对称与中小企业信贷风险缓释机制研究［J］．金融研究，2015（10）．

［77］钱路加．小微企业信贷违约及风险防范研究［J］．财会通讯，2018（2）．

［78］邱巍．供应链金融的风险控制之道［J］．中国外汇，2009（5）．

［79］任永平，梅强．中小企业信用评价指标体系探讨［J］．现代经济探讨，2001（4）．

［80］邵娴．农业供应链金融模式创新——以马王堆蔬菜批发大市场为例［J］．农业经济问题，2013（8）．

［81］施刚．小企业融资与银行经营转型——基于中国工商银行广东省分行相关实践的分析［J］．金融论坛，2011（11）．

［82］施其武．中资银行机构信用贷款缘何萎缩——以安徽省银行机构为例［J］．银行家，2013（3）．

［83］史晋川．人格化交易与民间金融风险［J］．浙江社会科学，2011，32（12）．

［84］宋潞平，陈杰．担保融资机制的风险防控与优化设计研究——基于最佳担保链社会关系网络结构角度的分析［J］．价格理论与实践，2017（7）．

[85] 宋亚辉．风险控制的部门法思路及其超越［J］．中国社会科学，2017（10）．

[86] 苏静．软信息与小微企业信用风险度量［J］．征信，2018（7）．

[87] 唐丹．我国商业银行风险管理研究［J］．当代经济，2015（4）．

[88] 王朝弟．小企业信贷配给的阶段性约束及其体制内优化［J］．金融研究，2006（12）．

[89] 王春峰．县域中小企业信用评级存在的问题及建议［J］．吉林金融研究，2010（8）．

[90] 王国松．不良资产处置模式及资产管理公司实践的国际比较［J］．外国经济与管理，2004，26（4）．

[91] 王李．互联网金融时代“银行小贷”与“电商小贷”模式对比研究——基于小微企业、个体工商户融资需求满足性的视角［J］．社会科学战线，2015（7）．

[92] 王淼．中小微企业信用担保贷款风险比例分担研究——提供政府补贴的两方合作博弈模型［J］．商业经济与管理，2017（3）．

[93] 王去非，易振华．浙江担保链风险现状、传染机制及产生原因研究［J］．浙江金融，2012（12）．

[94] 王馨．互联网金融助解“长尾”小微企业融资难问题研究［J］．金融研究，2015（10）．

[95] 王宣喻，储小平．信息披露机制对私营企业融资决策的影响［J］．经济研究，2002（10）．

[96] 魏芳．政府补助、金融发展与信贷规模歧视［J］．经济与管理评论，2019（4）．

[97] 魏国雄．严格防控保证担保项下的融资风险［J］．银行家，2013（9）．

[98] 温源，叶青．基于自偿性贸易融资的银行——企业博弈分析［J］．中国软科学，2011（10）．

[99] 吴宝，李正卫，池仁勇．社会资本、融资结网与企业间风险传染——浙江案例研究［J］．社会学研究，2011（3）．

[100] 吴宝. 企业融资结网与风险传染问题研究 [D]. 杭州: 浙江工业大学, 2012.

[101] 吴杰. 关于非银行信息在银行信贷领域应用的思考与建议——基于信息分布、需求和应用的调查 [J]. 财经界, 2019 (9).

[102] 吴启波. 基于交易记录的信用贷款风险控制的系统及方法 [P]. 中国专利, 2012.

[103] 夏振洲. 小额扶贫贷款风险控制及优化路径——周口“惠民扶贫贴息小额担保贷款”案例 [J]. 西南金融, 2017 (3).

[104] 向静林. 市场纠纷与政府介入——一个风险转化的解释框架 [J]. 社会学研究, 2016, 31 (4).

[105] 项立岭. 中小企业信用再担保风险控制研究 [J]. 中国集体经济, 2017 (15).

[106] 谢云峰. 去产能中的隐性信贷风险 [J]. 中国金融, 2016 (9).

[107] 徐攀, 于雪. 中小企业集群互助担保融资风险传染模型应用研究 [J]. 会计研究, 2018 (1).

[108] 徐志春, 王宗军, 薄纯林. 引入非财务因素的中小企业信用风险预警模型实证研究 [J]. 金融理论与实践, 2008 (6).

[109] 徐忠, 邹传伟. 硬信息与软信息框架下银行内部贷款审批权分配和激励机制设计——对中小企业融资问题的启示 [J]. 金融研究, 2010 (8).

[110] 杨靖. 逆向选择视角下我国商业银行不良贷款成因分析与防范思考 [J]. 发展研究, 2014 (12).

[111] 杨勤宇, 陶丽博. 美欧信用评级行业监管框架概述及启示 [J]. 内蒙古金融究, 2014 (1): 30-34.

[112] 杨青. 从显性风险贷款管理转向隐性风险贷款管理的思考 [N]. 金融时报, 2009-12-07 (007).

[113] 杨胜刚, 胡海波. 不对称信息下的中小企业信用担保问题研究 [J]. 金融研究, 2006 (1).

[114] 杨松令, 王志华, 刘亭立. 股东社会资本的层次性解构与存在性

检验［J］. 北京工业大学学报（社会科学版），2019，19（2）：74－84.

［115］叶飞，徐学军. 基于自偿性贸易融资的银行——企业博弈分析［J］. 系统工程理论与实践，2009（8）.

［116］俞罡. 担保链风险的动态控制［J］. 中国金融，2013（2）.

［117］袁满，何力军. 银行业不良资产处置：基于互联网平台的模式创新［J］. 南方金融，2015（12）.

［118］张必胜. 关于SIR和SIRS传染病数学模型历史研究［J］. 贵州大学学报（自然科学版），2014，31（2）.

［119］张东博. 面向小微企业的互联网金融模式创新研究［J］. 商业经济研究，2017（8）.

［120］张根明，李俊民，谭齐. 基于相依违约的上市公司担保风险度量研究［J］. 财务与金融，2011（4）.

［121］张光明，杜晨阳. 非正式组织内消极情绪传递的SIRS模型构建与仿真［J］. 上海管理科学，2019，41（4）.

［122］张杰. 应通过加强信用信息供给缓解小微企业信贷融资困境［J］. 经济纵横，2014（6）.

［123］张捷. 中小企业的关系型借贷与银行组织结构［J］. 经济研究，2002（6）.

［124］张觐刚. 信贷决策：信息来源"重"过内容［J］. 首席财务官，2016（12）.

［125］张敬峰. 供应链融资理论动态与实践进展［J］. 生产力研究，2011（10）.

［126］张军甫，周菊芝. 农发行信贷资产隐性风险问题分析与防范对策［J］. 海南金融，2001（4）.

［127］张乐才，杨宏翔. 企业资金担保链的风险传染机制［J］. 经济体制改革，2013（1）.

［128］张乐才. 企业资金担保链：风险消释、风险传染与风险共享——基于浙江的案例研究［J］. 经济理论与经济管理，2011（10）.

［129］张良妍. 银行信贷业务档案信息资源的开发利用［J］. 黑龙江科

学，2019，10（7）.

［130］张琴，赵丙奇．中小企业互联担保贷款风险控制研究——基于次序贷款与非次序贷款的比较分析［J］．社会科学战线，2016（2）.

［131］张舒翼．商业银行不良资产处置偏好研究［J］．新疆社会科学，2017（1）.

［132］张晓玫，宋卓霖，何理．银企关系缓解了中小企业融资约束吗——基于投资—现金流模型的检验［J］．当代经济科学，2013，35（5）.

［133］张晓玫，宋卓霖．保证担保、抵押担保与贷款风险缓释机制探究——来自非上市中小微企业的证据［J］．金融研究，2016（1）.

［134］张鑫．不良贷款处置的国际经验：关键因素、政策工具与经验启示［J］．国际金融，2018（6）.

［135］赵丙奇，郑旭，韩立栋．基于最优连带责任的中小企业互联担保贷款风险防范分析［J］．农业技术经济，2016（3）.

［136］赵翠霞，李岩，兰庆高．人情社会下农户不良贷款的内生性分析——基于122户不良贷款的统计分析［J］．农业经济问题，2015，36（5）.

［137］赵建芬．信用风险的本质与哲学根源［J］．柳州职业技术学院学报，2011，11（1）.

［138］赵洋，王永德．担保圈企业贷款隐性风险探讨［J］．中国农业会计，2014（12）.

［139］赵英英，胡华．带有标准发生率和信息干预的时滞SIRS传染病模型的稳定性分析［J］．应用数学，2019，32（4）.

［140］周超．区块链+银行：构建贷款决策新模式——行为金融视角下的研究［J］．新金融，2020（1）.

［141］周良增．商业银行小微企业信用风险管理研究［J］．时代金融，2018（30）.

［142］周淼，张志华．中小企业民间融资契约的评价指标体系构建［J］．统计与决策，2011（19）.

［143］周为民．从当前信贷隐性风险看深化风险管理改革的对策［J］．国际金融，2002（5）.

[144] 周小川. 完善法律环境，打造金融生态 [N]. 金融时报，2004－12－07.

[145] 周子元，邓雁. 商业银行信贷风险评估：信息经济学视角 [J]. 金融理论与教学，2007 (2).

[146] 朱雯杰，杨勤宇，陈代娣. 国外中小企业评级特点概述及启示 [J]. 金融发展论，2014 (1).

[147] 邹佶叡. 涉农融资担保模式业务构想 [J]. 世界农业，2015 (9).

[148] Abbass H A, Alam S, Bender A. MEBRA: Multiobjective Evolutionary-Based Risk Assessment [J]. IEEE Computational Intelligence Magazine, 2009, 4 (3).

[149] Abbassi P, Brownlees C, Hans C, et al. Credit Risk Interconnectedness: What Does the Market Really Know? [J]. Journal of Financial Stability, 2017 (29).

[150] Abdesamed K H, Wahab K A. Financing of Small and Medium Enterprises (SMEss) in Libya: Determinants of Accessing Bank Loan [J]. Middle East Journal of Scientific Research, 2014.

[151] Agarwal S, Green R K, Rosenblatt E, et al. Collateral Pledge, Sunk-Cost Fallacy and Mortgage Default [J]. Journal of Financial Intermediation, 2015, 24 (4).

[152] Akbar Zaheer, N. Venkatraman. Relational Governance as an Interorganizational Strategy: An Empirical Test of the Role of Trust in Economic Exchange [J]. Strategic Management Journal, 1995, 16 (5).

[153] Albertazzi U, Bottero M, Sene G. Information Externalities in the Credit Market and the Spell of Credit Rationing [J]. Journal of Financial Intermediation, 2017 (30).

[154] Allen F, Carletti E. Credit Risk Transfer and Contagion [J]. Journal of Monetary Economics, 2006, 53 (1).

[155] Allen N. Berger, Gregory F. Udell. Relationship Lending and Lines

of Credit in Small Firm Finance [J]. The Journal of Business, 1995, 68 (3).

[156] Allen N. Berger, Gregory F. Udell. Small Business Credit Availability and Relationship Lending: The Importance of Bank Organisational Structure [J]. The Economic Journal, 2002, 112 (477).

[157] Allen N. Berger, Robert DeYoung. Problem Loans and Cost Efficiency in Commercial Banks [J]. Journal of Banking and Finance, 1997, 21 (6).

[158] Andreou E, Ghysels E. Quality Control for Structural Credit Risk Models [J]. Journal of Econometrics, 2008, 146 (2).

[159] Athreya K, Tam X S, Young E R. A Quantitative Theory of Information and Unsecured Credit [J]. American Economic Journal: Macroeconomics, 2012, 4 (3).

[160] Aven T, Zio E. Some Considerations on the Treatment of Uncertainties in Risk Assessment for Practical Decision Making [J]. Reliability Engineering & System Safety, 2011, 96 (1).

[161] Ball Sonia. Mackay Sugar Revives Plant Loan Scheme [J]. Australian Canegrower, 2011 (05 Sep 2011).

[162] Ball, Klingebiel D. The Use of Asset Management Companies in the Resolution of Banking Crises Cross-Country Experiences [J]. Social Science Electronic Publishing, 2000 (2284).

[163] Banco de Portugal. Financial Stability Report [M]. Economic Research Department, 2006.

[164] Barro Robert J. The Loan Market, Collateral, and Rates of Interest [J]. Journal of Money, Credit and Banking, 1976, 8 (4).

[165] Barsky, Noah, P, et al. Unleashing the Value in the Supply Chain. [J]. Strategic Finance, 2001.

[166] Becchetti L, Conzo P. Enhancing Capabilities through Credit Access: Creditworthiness as a Signal of Trustworthiness under Asymmetric Information [J]. Journal of Public Economics, 2011, 95 (4-4).

[167] Berger A N, Black L K. Bank Size, Lending Technologies, and Small Business Finance [J]. Journal of Banking & Finance, 2011, 35 (3).

[168] Berger A N, Espinosa-Vega M A, Frame W S, et al. Why Do Borrowers Pledge Collateral? New Empirical Evidence on the Role of Asymmetric Information [J]. Journal of Financial Intermediation, 2011, 20 (1).

[169] Berger A N, Frame W S, Ioannidou V. Reexamining the Empirical Relation between Loan Risk and Collateral: The Roles of Collateral Liquidity and Types [J]. Journal of Financial Intermediation, 2016 (26).

[170] Berger A N, Frame W S, Ioannidou V. Tests of Ex Ante versus Ex Post Theories of Collateral Using Private and Public Information [J]. Journal of Financial Economics, 2011, 100 (1).

[171] Berger A N, Frame W S, Miller N H. Credit Scoring and the Availability, Price, and Risk of Small Business Credit [J]. Journal of Money Credit & Banking, 2005, 37 (2).

[172] Besley T, Meads N, Surico P. Risk Heterogeneity and Credit Supply: Evidence from the Mortgage Market [J]. NBER Macroeconomics Annual, 2013, 27 (1).

[173] Bester H. Screening vs. Rationing in Credit Markets with Imperfect Information [J]. The American Economic Review, 1985, 75 (4).

[174] Bharath S T, Dahiya S, Saunders A, et al. Lending Relationships and Loan Contract Terms [J]. Review of Financial Studies, 2011, 24 (4).

[175] Bonfim D. Credit Risk Drivers: Evaluating the Contribution of Firm Level Information and of Macroeconomic Dynamics [J]. Journal of Banking & Finance, 2009, 33 (2).

[176] Boot A W A, Thakor A V. Can Relationship Banking Survive Competition? [J]. The Journal of Finance, 2000, 55 (2).

[177] Boot A W, Thakor A V, Udell G F, et al. Secured Lending and Default Risk: Equilibrium Analysis, Policy Implications and Empirical Results [J]. The Economic Journal, 1991, 101 (406).

[178] Boris K, Ivana W, Anna S. Quantification of Credit Risk with the Use of Credit Metrics [J]. Procedia Economics and Finance, 2015 (26).

[179] Brown M, Jappelli T, Pagano M. Information Sharing and Credit: Firm-level Evidence from Transition Countries [J]. Journal of Financial Intermediation, 2009, 18 (2).

[180] Brown M, Zehnder C. The Emergence of Information Sharing in Credit Markets [J]. Journal of Financial Intermediation, 2010, 19 (2).

[181] Caner S, Karan M B. Screening Creditworthiness of SME's: The Case of Small Business Assistance in Turkey [J]. Multinational Finance Journal, 2012, 16 (12).

[182] Capital Markets Department Staff. Global Financial Stability Report: Market Developments and Issues [M]. America: International Monetary Fund, 2007.

[183] Capponi A, Cvitanić J. Credit Risk Modeling with Misreporting and Incomplete Information [J]. International Journal of Theoretical and Applied Finance, 2009, 12 (1).

[184] Chakraborty A, Hu C X. Lending Relationships in Line-of-Credit and Nonline-of-Credit Loans: Evidence from Collateral Use in Small Business [J]. Journal of Financial Intermediation, 2006, 15 (1).

[185] Chan Y S, Thakor A V. Collateral and Competitive Equilibria with Moral Hazard and Private Information [J]. The Journal of Finance, 1987, 42 (2).

[186] Chen J Z, Lobo G J, Wang Y, et al. Loan Collateral and Financial Reporting Conservatism: Chinese Evidence [J]. Journal of Banking & Finance, 2013, 37 (12).

[187] Chen S. The Impact of Asset Composition on Firm Dynamics in the Presence of Credit Frictions [J]. University of Michigan, 2012.

[188] Coco G, Pignataro G. Inequality of Credit Opportunities [J]. University of Catania, 2012.

[189] Cornée S. The Relevance of Soft Information for Predicting Small Busi-

ness Credit Default: Evidence from a Social Bank [J]. Journal of Small Business Management, 2019, 57 (3).

[190] Cole R A, Goldberg L G, White L J. Cookie Cutter vs. Character: The Micro Structure of Small Business Lending by Large and Small Banks [J]. Journal of Financial & Quantitative Analysis, 2004, 39 (2): 227 – 251.

[191] Coulson N E, Grieco P L E. Mobility and Mortgages: Evidence from the PSID [J]. Regional Science and Urban Economics, 2013, 43 (1).

[192] Czarnitzki D, Kraft K. Are Credit Ratings Valuable Information? [J]. Applied Financial Economics, 2007, 17 (13).

[193] Dario Focarelli, Alberto Franco Pozzolo, Luca Casolaro. The Pricing Effect of Certification on Syndicated Loans [J]. Journal of Monetary Economics, 2007, 55 (2).

[194] David P. Baron, David Besanko. Monitoring, Moral Hazard, Asymmetric Information, and Risk Sharing in Procurement Contracting [J]. The RAND Journal of Economics, 1987, 18 (4).

[195] Dietz T, Talley J D. Secondary Prevention of Coronary Artery Disease [J]. Journal of the Arkansas Medical Society, 1996, 93 (3): 139.

[196] De Janvry A, McIntosh C, Sadoulet E. The Supply-and demand-side impacts of credit market information [J]. Journal of Development Economics, 2010, 93 (2).

[197] De Mel S, McKenzie D, Woodruff C. Getting Credit to High Return Microentrepreneurs: The Results of an Information Intervention [J]. The World Bank Economic Review, 2011, 25 (3).

[198] Dekker. Accidents Are Normal and Human Error Does Not Exist: A New Look at the Creation of Occupational Safety [J]. International Journal of Occupational Safety and Ergonomics, 2003, 9 (2).

[199] Denis D J, Wang J. Debt Covenant Renegotiations and Creditor Control Rights [J]. Journal of Financial Economics, 2014, 113 (3).

[200] Dierkes M, Erner C, Langer T, et al. Business Credit Information

Sharing and Default Risk of Private Firms [J]. Journal of Banking & Finance, 2013, 37 (8).

[201] Dietsch M, Petey J. The Credit Risk in SME Loans Portfolios: Modeling Issues, Pricing, and Capital Requirements [J]. Journal of Banking & Finance, 2002, 26 (2-3).

[202] Drehmann M, Tarashev N. Measuring the Systemic Importance of Interconnected Banks [J]. Journal of Financial Intermediation, 2013, 22 (4).

[203] Duarte F D, Gama A P M, Esperança J P. Collateral-based in SME Lending: The Role of Business Collateral and Personal Collateral in Less-Developed Countries [J]. Research in International Business and Finance, 2017 (39).

[204] Fabbri D, Menichini A M C. The Commitment Problem of Secured Lending [J]. Journal of Financial Economics, 2016, 120 (3).

[205] Fisher J, Lyons A. Information and Credit Access: Using Bankruptcy as a Signal [J]. Applied Economics, 2010, 42 (25).

[206] Flannery M J. Asymmetric Information and Risky Debt Maturity Choice [J]. The Journal of Finance, 1986, 41 (1).

[207] Frank J Fabozzi, A K Bhattacharya, William S Berliner. Mortgage-Backed Securities: Products, Structuring and Analitical Techniques [M]. Wiley, 2011.

[208] Frank Knight. Risk, Uncertainty and Profit [M]. Vernon Press, 2013.

[209] Frye J, Ashley L, Bliss R, et al. Collateral Damage: A Source of Systematic Credit Risk [J]. Risk, 2000, 13 (4).

[210] Geršl A, Jakubík P. Relationship Lending in Emerging Markets: Evidence from the Czech Republic [J]. Comparative Economic Studies, 2011, 53 (4).

[211] Goodman A C. Central Cities and Housing Supply: Growth and Decline in US Cities [J]. Journal of Housing Economics, 2005, 14 (4).

[212] Cheol S. Theory of Credit Risk and Securitization of Non-performing Loans [J]. Journal of Financial and Quantitative Analysis, 2002 (3): 57-59.

[213] Dietz V, Milstien J B, Loon F V, et al. Performance and Potency of Tetanus Toxoid: Implications for Eliminating Neonatal Tetanus [J]. Bull World Health Organ, 1996, 74 (6): 619-628.

[214] Grovenstein R A, Harding J P, Sirmans C F, et al. Commercial Mortgage Underwriting: How Well Do Lenders Manage the Risks? [J]. Journal of Housing Economics, 2005, 14 (4).

[215] Grunert J, Norden L, Weber M. The Role of Non-financial Factors in Internal Credit Ratings [J]. Journal of Banking & Finance, 2005, 29 (2).

[216] Hahm J H, Lee S. Economic Effects of Positive Credit Information Sharing: the Case of Korea [J]. Applied Economics, 2011, 43 (30).

[217] Hans Degryse, Patrick Van Cayseele. Relationship Lending within a Bank-Based System: Evidence from European Small Business Data [J]. Journal of Financial Intermediation, 2000, 9 (1).

[218] Hanspeter, Kurzmeyer A. Credit Rationing in Market with Imperfect Information [J]. The Ameriean Eeonomic Review, 2015, 71 (3).

[219] Hertzberg A, Liberti J M, Paravisini D. Public Information and Coordination: Evidence from a Credit Registry Expansion [J]. The Journal of Finance, 2011, 66 (2).

[220] Hirofumi Uchida, Gregory F. Udell, Nobuyoshi Yamori. Loan Officers and Relationship Lending to SMEs [J]. Journal of Financial Intermediation, 2011, 21 (1).

[221] Hirofumi Uchida. What Do Banks Evaluate When They Screen Borrowers? Soft Information, Hard Information and Collateral [J]. Journal of Financial Services Research, 2011, 40 (1-2).

[222] Hui K W, Lui Z. Voluntary Disclosure during Credit Watches: Do Credit Rating Agencies Concern about Disclosure Quality? [R]. Working Paper, 2012.

[223] J. Hallikas, V. -M. Virolainen, M. Tuominen. Understanding Risk and Uncertainty in Supplier Networks——a Transaction Cost Approach [J]. International Journal of Production Research, 2002, 40 (15).

[224] Jarrow R A. Credit Market Equilibrium Theory and Evidence: Revisiting the Structural versus Reduced form Credit Risk Model Debate [J]. Finance Research Letters, 2011, 8 (1).

[225] Jeltje van der Meer-Kooistra, Ed G. J. Vosselman. Management Control of Interfirm Transactional Relationships: the Case of Industrial Renovation and Maintenance [J]. Accounting, Organizations and Society, 2000, 25 (1).

[226] Jaein, Choi, Matthew, et al. Approximate Dynamic Programming: Application to Process Supply Chain Management [J]. AIChE Journal, 2006.

[227] Jens O. Zinn. Social Theories of Risk and Uncertainty [M]. Oxford: Blackwell Publishing, 2008.

[228] Jimenez G, Lopez J A, Saurina J. Calibrating Exposure at Default for Corporate Credit Lines [J]. Journal of Risk Management in Financial Institutions, 2009.

[229] Jimenez G, Salas V, Saurina J, et al. Determinants of Collateral [J]. Journal of Financial Economics, 2006, 81 (2).

[230] Jimenez G, Saurina J. Collateral, Type of Lender and Relationship Banking as Determinants of Credit Risk [J]. Journal of Banking and Finance, 2004, 28 (9).

[231] Jurevičiené D, Rauličkis D. Identification of Indicators' Applicability to Settle Borrowers' Probability of Default [J]. Economics and Culture, 2016, 13 (1).

[232] Kang E, Zardkoohi A, Ramona L. Paetzold. Relationship Banking and Escalating Commitments to Bad Loans [J]. Small Business Economics, 2013, 40 (4).

[233] Karapetyan A, Stacescu B. Does Information Sharing Reduce the Role of Collateral as a Screening Device? [J]. Journal of Banking & Finance, 2014 (43).

[234] Karolyi S A. Personal Lending Relationships [J]. Journal of Finance, 2018.

[235] Kirschenmann K. Credit Rationing in Small Firm-bank Relationships [J]. Journal of Financial Intermediation, 2016 (26).

[236] Klieštik T, Cúg J. Comparison of Selected Models of Credit Risk [J]. Procedia Economics and Finance, 2015 (23).

[237] König P J, Pothier D. Too Much of a Good Thing? A Theory of Short-Term Debt as a Sorting Device [J]. Journal of Financial Intermediation, 2016 (26).

[238] Li K, Niskanen J, Kolehmainen M, et al. Financial Innovation: Credit Default Hybrid Model for SME Lending [J]. Expert Systems with Applications, 2016 (61).

[239] Liberati C, Camillo F. Personal Values and Credit Scoring: New Insights in the Financial Prediction [J]. Journal of the Operational Research Society, 2018, 69 (12).

[240] Liberti J M, Mian A R. Estimating the Effect of Hierarchies on Information Use [J]. The Review of Financial Studies, 2008, 22 (10).

[241] Liu X, Yin Z. A Warning Model of Centralized Credit Default in Commercial Banks [J]. International Journal of Emerging Trends in Social Sciences, 2018, 2 (1).

[242] Macneil, Ian R. Statutory and Administrative Law Supplement to Accompany Contracts: Exchange Transactions and Relations, 2nd ed [M]. The Foundation Press, 1978.

[243] McCann F, McIndoe-Calder T. Firm Size, Credit Scoring Accuracy and Banks' Production of Soft Information [J]. Applied Economics, 2015, 47 (33).

[244] Meles A, Porzio C, Sampagnaro G, et al. Collateralization of Business Loans: Testing the Prediction of Theories [J]. Research in International Business and Finance, 2017 (42).

[245] Menkhoff L, Neuberger D, Rungruxsirivorn O. Collateral and Its Substitutes in Emerging Markets' Lending [J]. Journal of Banking & Finance,

2012, 36 (3).

[246] Merchant Kenneth A. Organizational Controls and Discretionary Program Decision Making: A Field Study [J]. Pergamon, 1985, 10 (1).

[247] Moro A, Fink M. Loan Managers' Trust and Credit Access for SMEs [J]. Journal of Banking & Finance, 2013, 37 (3).

[248] Nduba F M. A Survey of the Factors that Determine Credit Worthiness of Small and Medium Enterprises for Bank Loans [J]. University of Nairobi Kenya, 2010.

[249] Niinimäki J P. Collateral in Credit Rationing in Markets with Asymmetric Information [J]. The Quarterly Review of Economics and Finance, 2018 (68).

[250] Niinimäki J P. The Optimal Allocation of Alternative Collateral Assets between Different Loans [J]. The North American Journal of Economics and Finance, 2015 (34).

[251] Norden L, Weber M. When Senior Meets Junior: Information in Credit Default Swap Spreads of Large Banks [J]. Available at SSRN 1561729, 2012.

[252] Ortwin R, Annexes, Peter G. Risk Governance: Towards an Integrative Approach [J]. IRGC (International Risk Governance Council), 2005.

[253] Ortwin Renn. Three Decades of Risk Research: Accomplishments and New Challenges [J]. Journal of Risk Research, 1998, 1 (1).

[254] Petersen M A, Rajan R G. The Benefits of Lending Relationships: Evidence from Small Business Data [J]. Journal of Finance, 1994, 49 (1).

[255] Petersen. Using Performers as Tools in the Creation of Telematic Artwork [J]. Technoetic Arts, 2004, 2 (3).

[256] Polanyi Michael. Personal Knowledge: Towards a Post-Critical Philosophy [M]. University of Chicago Press, 1974.

[257] Pozzolo A F. The Role of Guarantees in Bank Lending [J]. Temi Di Discussione, 2004.

[258] Presbitero A F, Zazzaro A. Competition and Relationship Lending:

Friends or Foes? [J]. Journal of Financial Intermediation, 2011, 20 (3).

[259] Rajeev K. Goel, Iftekhar Hasan. Economy-wide Corruption and Bad Loans in Banking: International Evidence [J]. Applied Financial Economics, 2011, 21 (7).

[260] Rebel A. Cole, Lawrence G. Goldberg, Lawrence J. White. Cookie Cutter vs. Character: The Micro Structure of Small Business Lending by Large and Small Banks [J]. Journal of Financial and Quantitative Analysis, 2004, 39 (2).

[261] Renn O. Three Decades of Risk Research: Accomplishments and New Challenges [J]. Journal of Risk Research, 1998, 1 (1).

[262] Rescher, Nicholas. A Philosophical Introduction to the Theory of Risk Evaluation and Management [J]. Teaching Philosophy, 1983.

[263] Robert W. Kates, Jeanne X. Kasperson. Comparative Risk Analysis of Technological Hazards (A Review) [J]. Proceedings of the National Academy of Sciences of the United States of America, 1983, 80 (22).

[264] Saeed Y, Ayub H. Impact of Credit Risk Transfer Techniques on Lending Behavior of Conventional & Islamic Banks in Pakistan [J]. Sukkur IBA Journal of Management and Business, 2017, 4 (2).

[265] Salmela H. Analysing Business Losses Caused by Information Systems risk: A Business Process Analysis Approach [J]. Journal of Information Technology, 2008, 23 (3).

[266] Santikian L. The Ties that Bind: Bank Relationships and Small Business Lending [J]. Journal of Financial Intermediation, 2014, 23 (2).

[267] Sengupta R. Lending to Uncreditworthy Borrowers [J]. Journal of Financial Intermediation, 2014, 23 (1).

[268] Sousa M R, Gama J, Brandão E. A New Dynamic Modeling Framework for Credit Risk Assessment [J]. Expert Systems with Applications, 2016 (45).

[269] Spuchl'ákovά E, Valaškovά K, Adamko P. The Credit Risk and Its Measurement, Hedging and Monitoring [J]. Procedia Economics and finance,

2015 (24).

[270] Sreedhar T. Bharath, Sandeep Dahiya, Anthony Saunders, Anand Srinivasan. Lending Relationships and Loan Contract Terms [J]. The Review of Financial Studies, 2011, 24 (4).

[271] Steijvers T, Voordeckers W. Collateral and Credit Rationing: A Review of Recent Empirical Studies as a Guide for Future Research [J]. Journal of Economic Surveys, 2009, 23 (5): 924-946.

[272] Stein J C. Information Production and Capital Allocation: Decentralized versus Hierarchical Firms [J]. Journal of Finance, 2002, 57 (5).

[273] Sufi A. Bank Lines of Credit in Corporate Finance: An Empirical Analysis [J]. The Review of Financial Studies, 2009, 22 (3).

[274] Sumit Agarwal, Robert Hauswald. Distance and Private Information in Lending [J]. The Review of Financial Studies, 2010, 23 (7).

[275] Tang T T. Information Asymmetry and Firms' Credit Market Access: Evidence from Moody's Credit Rating Format Refinement [J]. Journal of Financial Economics, 2009, 93 (2).

[276] Tsuruta D. Bank Information Monopoly and Trade Credit: Do Only Banks Have Information about Small Businesses? [J]. Applied Economics, 2008, 40 (8).

[277] Turan H. The Weighting of Factors Affecting Credit Risk in Banking [J]. Procedia Economics and Finance, 2016 (38).

[278] Verdi. The Tail that Wags the Dog: Integrating Credit Risk in Asset Portfolios [J]. Journal of Risk Finance, 2014, 3 (1).

[279] Viktoriya Sadlovska, Beth Enslow. Supply Chain Finance Benchmark Report [R]. Benchmark Report, 2006, www.aberdeen.com.

[280] W. Altman. 5 Years since the Bubble Burst: Has the Internet Changed the Way Business Is Done? [J]. Engineering Management Journal, 2006, 16 (6).

[281] Williamson Oliver E. "Book-Review" Evolution of International Management Structures [J]. Business History Review, 1975, 49 (4).

后　记

本书是在我的国家社会科学基金项目“抵押、非抵押方式下银行小微企业信贷风险控制比较研究”（15BJL030）结项报告的基础上修订而成，其中凝结着每一位小组成员的心血。在此，我要衷心感谢协助我完成项目的所有课题组成员。感谢中南民族大学王祖山教授在立项之初给予的积极肯定和热心指导！感谢浙江金融职业学院张惠君教授作为课题的第一参加人尽心尽力地帮助我联系调研单位，获取宝贵的一手数据、资料！感谢曾为银行董事长的陈英杰同学！感谢从本科到研究生阶段跟随我学习的王莲犀、王宁、刘钰、金炜圣、池海莲同学！同学们帮助我完成了问卷发放、后期的资料整理、论文的写作、发表等，课题能够以“良好”等级结项，非本人一人之力，与各位小组成员的辛勤付出密不可分。

两次承担国家项目的科研经历丰富了我的人生，也塑造了我的人格，使我切身地体会到了从事社会科学研究对“社会人”的素质要求。在承担国家项目之前，我往往是躲在书斋之中，阅读文献、思考问题、撰写科研论文。国家社科项目的承担意味着要摆脱自娱自乐式的所谓“研究”，要关注社会现实、关注社会科学的“真问题”，唯如此才是有价值的研究。要做到这一点，意味着需要走出校门、深入社会实践，对于我这样“象牙塔”中的素人可不容易，万分感谢同事、同学和朋友的帮助！第一次外出调研时，马春燕教授帮我联系到湖北省银行业协会秘书长，当我拿到200多份认真填写、加盖公章并留下联系方式的分行支行的调查问卷时，心里面说了一千遍的“真好”、一万遍的“感谢”。为了调研，我还鼓足勇气第一次敲开陌生人的房门，当我向华科武昌分校邹星庐处长自我介绍时心里十分忐忑，没想到的是邹老师十分配合和支持，我暗自心花怒放……。感恩！这些经历给了我勇气和乐趣，我终敢“厚着脸皮走江湖”了。所幸的是，大学同学也非常给力，高育清同学帮我搜集到了宝贵的一手资料；老同学刘智慧行长专门给我留了时间协助我调查，并带我走乡串户了解实情；唐子斌老同学也十分专业地帮助我出谋划策、解答问题。我深深地感受到了同窗可贵的手足之情。

本书的完成也得益于学校和学院提供的科研平台，使我有机会、有条件静心做事，感谢同事兼闺蜜的何坪华教授，感谢你风雨阳光一路相伴、携手同行！感谢熊学萍教授、朱再清教授、黄宁阳教授、周德翼教授、肖华芳老师、张巍老师、陈瑶老师……正是你们的陪伴和鞭策使我得以坚持。

也有不少遗憾，对于年迈的父母我照顾得太少，所有的麻烦事都交给了兄弟姐妹，岁月静好是因为你们在负重前行，感恩全在心里。在此，我忍不住感叹，一件事的成功得有多少人的成全，感谢亲爱的你们！感谢这个温暖的人间！爱是人间的光明，课题之初似乎在黑暗的隧道穿梭，感谢你们给黑暗中的我送来光明，使我穿越那段艰难时空！当然，也感谢努力的自己，愿天道酬勤！

王淅勤

2021 年 6 月于狮子山下